WAC BUNKO

尖閣だけではない
沖縄が危ない！

隆之介

WAC

はじめに

朝鮮半島、南シナ海及び東シナ海において紛争の危機は高まっている。一方、米軍が駐留する沖縄県内には極左暴力集団や中国系工作員が流入しており、沖縄は今まさに日本国から分離されようとしている。

その中で、中国による工作がエスカレートしてきた。

平成二十九（二〇一七）年二月三日夜、元米海兵隊大将ジェームス・マティス国防長官はトランプ政権発足後、最優先に日本を訪れ安倍晋三首相と会談し、尖閣事案に日米安保条約第五条が適用されることを明言した。

これとほぼ同時刻、程永華《ていえいか》中国駐日大使が沖縄を訪問、那覇市内のホテルで沖縄県日中友好協会の設立を記念して講演を行った。大使は、「中国の軍事力の増強は対外拡張や覇権争奪のためではなく、自国を守るための行動である」とした上で、「両国の関係改善に沖縄県日中友好協会が大きな役割を果たすことに期待したい」、「沖縄、中国が経済的にがっちり手を組めば安全保障関係はまったく問題ない」と述べた。まるで「沖縄が中国の自治区になれば攻撃しない」

と言わんばかりであった。

平成二十八（二〇一六）年八月上旬、沖縄県石垣市尖閣諸島沖に中国公船や漁船が大挙して押し寄せ、我が国領海を侵犯したことは国民の記憶に新しい。程大使は同月十日、自民党幹事長二階俊博氏に抗議された際、「豊漁でした」と開き直ったその人である。

さらにこの講演三日後の平成二十九（二〇一七）年二月六日、中国公船三隻が尖閣沖の我が国領海を侵犯している（今年四回目）。しかし同会参加者は保守系が占めていたが、一切大使に反論しなかった。

一方、この日、翁長雄志《おながたけし》沖縄県知事は普天間《ふてんま》基地の辺野古《へのこ》移転阻止を訴えるためワシントンで行動していた。従来中国政府は知事を全面に押し立てる戦略を展開してきたが、ここに大きな転換が見えてきた。

翁長知事が那覇市長時代、中国共産党は翁長氏に福州市名誉市民章を授与し知事選挙をも支援した。知事自身も市長時代から熱烈な親中政策を展開しており、祭りとはいえ、冊封《さくほう》儀式（三跪九叩頭《さんききゅうこうとう》の礼）を廃藩置県以降約百五十年ぶりに復活させたばかりか、中国の臣下を象徴する龍柱建設に着手した。また知事当選後は、政治公約としての普天間基地県内移設阻止を推進し我が国政府と対立している。

中国政府は、従来、現県政や沖縄独立派の大学教授など反日的史観を持つ組織を支援してきた。ところが今回は沖縄保守政界に食指を伸ばし始めたのだ。沖縄県日中友好協会こそは県選出自民党国会議員、県内保守首長、地元財界を主要メンバーとして組織されているのだ。

一方、辺野古や高江《たかえ》における反対運動では県民にまじって多数の在日韓国人や朝鮮半島から渡来した活動家がいる。彼らは闘争のリーダー的な役割を担っている。このため か県内にはハングル文字が目立つようになってきた。

これらの地域では公務執行妨害等で逮捕される活動家も出てきている。ところがメディアは「市民」と報道するため、国民は「県民」と誤解するのだ。無理もない。今や沖縄は反日反米勢力の牙城《がじょう》と化している。

韓国系活動家の動きがとくに活発だ。一月二十四日から二十七日の間、「慰安婦少女像」を製作した韓国の彫刻家夫妻金運成《キムウンソン》氏と妻の曙炅《ソギョン》氏が初めて来県した。夫妻は本島南部の沖縄戦の激戦地や米軍基地を外から観光した。曙炅氏はその感想として、「非常につらいことを経験した人の魂を感じた」と発言している。

夫妻は韓国の某団体の支援で来沖しており、平成二十六(二〇一四)年、済州島における基地建設反対闘争に言及したばかりか、「基地ができればそこから人の命が奪われる。日本から米軍がいなくなることで初めて、東アジアに真の平和が訪れる」と発言している。さらに慰安婦問題にも言及し、韓国民の怒りは日本政府のみならず、平成二十七(二〇一五)年十二月に合意を結んだ韓国政府(朴槿惠《パククネ》政権当時)にも向かっていると発言している。

一方、平成二十九（二〇一七）年二月三日には元朝日新聞記者の植村隆氏が辺野古米軍キャンプ前で行われた基地反対集会に参加した。氏はいわゆる「従軍慰安婦問題」をいち早く報じた記者で、現在、韓国カトリック大学客員教授を務めている。その際、「日本が引き起こした戦争被害を否定する勢力に負けてはならない」と発言している。氏は韓国で学生たちが慰安婦像の撤去を阻止するため座り込みを断行する運動と、辺野古の抗議活動を「民主主義を守るための（共通の）戦い」と強調しているのだ。

以上、韓国活動家と沖縄反基地活動家の共通点は、軍事挑発を強める北朝鮮や中国には一切言及しないばかりか、我が国への被害者意識を共通項として引用しているのだ。

このままでは韓国左翼活動家と県民が同一視され、国民大衆から警戒される恐れがある。他府県在住の言論人が彼らを批判すると、「沖縄ヘイト」、「沖縄差別」と印象操作されるようになっている。

一方、地元テレビ局「琉球放送」は、平成二十八（二〇一六）年八月と十二月、二回にわたって米国統治時代、反米運動の先頭に立った沖縄人民党（共産党）委員長の瀬長《せなが》亀次郎（故人）を英雄的に描いた映像（ＴＢＳ制作）を放映し、そのイメージを知事の活動に投影していた。

メディアによる沖縄関連の報道もミスリードが目立つ。沖縄には在日米軍基地の一九・三％

しか存在しないが、米軍専用施設の比率を引用して「七〇・六%が集中している」と喧伝《けんでん》している。これは佐世保、岩国、厚木等の自衛隊と共用する大型基地は一切分母に含まれないため、数字が大きく映ってしまうのである。また、知事も日頃、「沖縄振興予算は沖縄を特別に優遇しているのではない」と発言しているが、第七章冒頭で、それがいかに極小化されたトリックであるかを詳述した。ご一読をお願いしたい。

以上、沖縄の実態や歴史がことごとく改竄《かいざん》され、すべてが被害者史観によって描かれ、県民は反日勢力に扇動されている。私はこのような悪の連鎖を、国家を思う一県民として一掃すべく筆を執らずにいられなかった。願わくば本書が沖縄の危機を救い、新たな未来が開けることを祈念する次第である。

惠 隆之介

尖閣だけではない　沖縄が危ない！　◉目次

第二章　皇室に助けられた沖縄　53

第六章 沖縄県民は純然たる日本国民だ！ 127

装丁/須川貴弘

第一章　中共に狙われる沖縄

1 変化の前兆

平成二十九（二〇一七）年一月二十日、米第四十五代大統領にドナルド・ジョン・トランプ氏が就任した。

就任式第一声で「アメリカ第一主義」を掲げ既成政治との決別を宣言、さらに大統領令で安倍首相が積極的に推進したTPP（環太平洋戦略的経済連携協定）からの離脱を決定するなど保護主義の傾向を強めている。

トランプ氏は選挙期間中、我が国へ米軍駐留経費負担増を主張していた。その動きは政権発足と共に抑制されたが、軍事面における負担を要求してくる可能性はある。

ところで戦後、我が国は安全保障面で米国に一方的に依存してきた。このため防衛関連法令の不備がはなはだしい。不確実性の強いトランプ氏の言動に我が国は混乱する恐れもある。そもそもトランプ氏は軍指揮官や政治家の経験もない。従って従来の米国大統領がとってきた戦略的意思決定よりも、商業実利的な選択をする可能性がある。この視点で行くと尖閣諸島を含む東シナ海の軍事情勢もひと波乱あるかとも思われる。

オバマ政権まで米国政府の我が国への不満は、米海兵隊普天間基地の県内移設作業が遅々として進捗《しんちょく》しないことであった。移設を条件とする返還合意が日米間で成立して、すでに二十年が経過している。

日本政府は米国政府からの要求に対し、沖縄県内の地方選挙や県民感情を理由に国主導の作業を渋り、移設作業のための埋め立て承認をはじめ、沖縄県に丸投げする部分が多かった。とくに沖縄振興予算の増額などの手法で推進を計っていたのである。

一方、沖縄県は県内移設を肯定する知事、稲嶺恵一《いなみねけいいち》氏、仲井眞弘多《なかいまひろかず》氏がそれぞれ二期ずつ、合計十六年続いた。だが当選すると、すぐ条件闘争に走り政府を困惑させていた。米国政府及び米軍関係者は日中両国を比較し、「中国は一年足らずで他国の領域にある岩礁さえ埋め立てて滑走路を建設するのに、日本は二十年かけて滑走路一本も作れない」と批判していたのである。

米中間の対立も激化する傾向にある。

平成二十八（二〇一六）年十二月二日、トランプ氏は台湾の蔡英文《さいえいぶん》総統と電話会談をしている。これは中国を激しく刺激した。昭和四十七（一九七二）年、米中国交回復時、中国政府は「一つの中国」を主張し、平成二十一（二〇〇九）年七月の米中戦略・経済対話において戴秉国《たいへいこく》国務委員は、台湾との統一（併合）を「核心的利益」とまで強調していたのである。

中国政府はその四年前、反分裂国家法（平成十七〈二〇〇五〉年三月十四日）を制定しており、

第八条において台湾独立の策謀が発覚した際は武力を発動することを明言している。

平成八（一九九六）年三月、台湾で史上初の正副総統の直接民選選挙が実施された。独立の兆候と警戒した中国共産党政府はこれを阻止するため、平成七（一九九五）年から平成八年にかけて台湾沖にミサイル演習を行った（第三次台湾海峡危機）。中華人民共和国は同時に福建省内台湾海峡沿岸部に十万の兵力を集中させて台湾を威嚇《いかく》した。

✣中国の太平洋進出戦略

当時、クリントン政権下ではあったが、米国防省はこれに対し同海峡南北に空母機動部隊を展開し、また沖縄の第三海兵師団を待機態勢において中国を牽制したのである。中国政府は結局、米国の海空戦力に屈する形となった。以降、中国は接近拒否戦略の推進と、これを可能にする空母機動部隊、戦略核ミサイルの整備に着手したのである。

一方、「漢民族の偉大なる復興」を標榜《ひょうぼう》する習近平国家主席はトランプ氏の政策に反発し、平成二十九（二〇一七）年一月十七日に開催されたダボス会議において反保護主義を強調した。さらに「次代のグローバル経済の旗手は中国である」とまで言い切った。その習近平主席が米台の接近に業を煮やし、空母「遼寧《りょうねい》」と六隻の海軍艦艇で形成された中国海軍初の機動部隊を台湾近海に行動させた。

なお「遼寧」には中国海軍最高指揮官、呉勝利《ごしょうり》提督が坐乗し直接指揮をとっていたといわれ

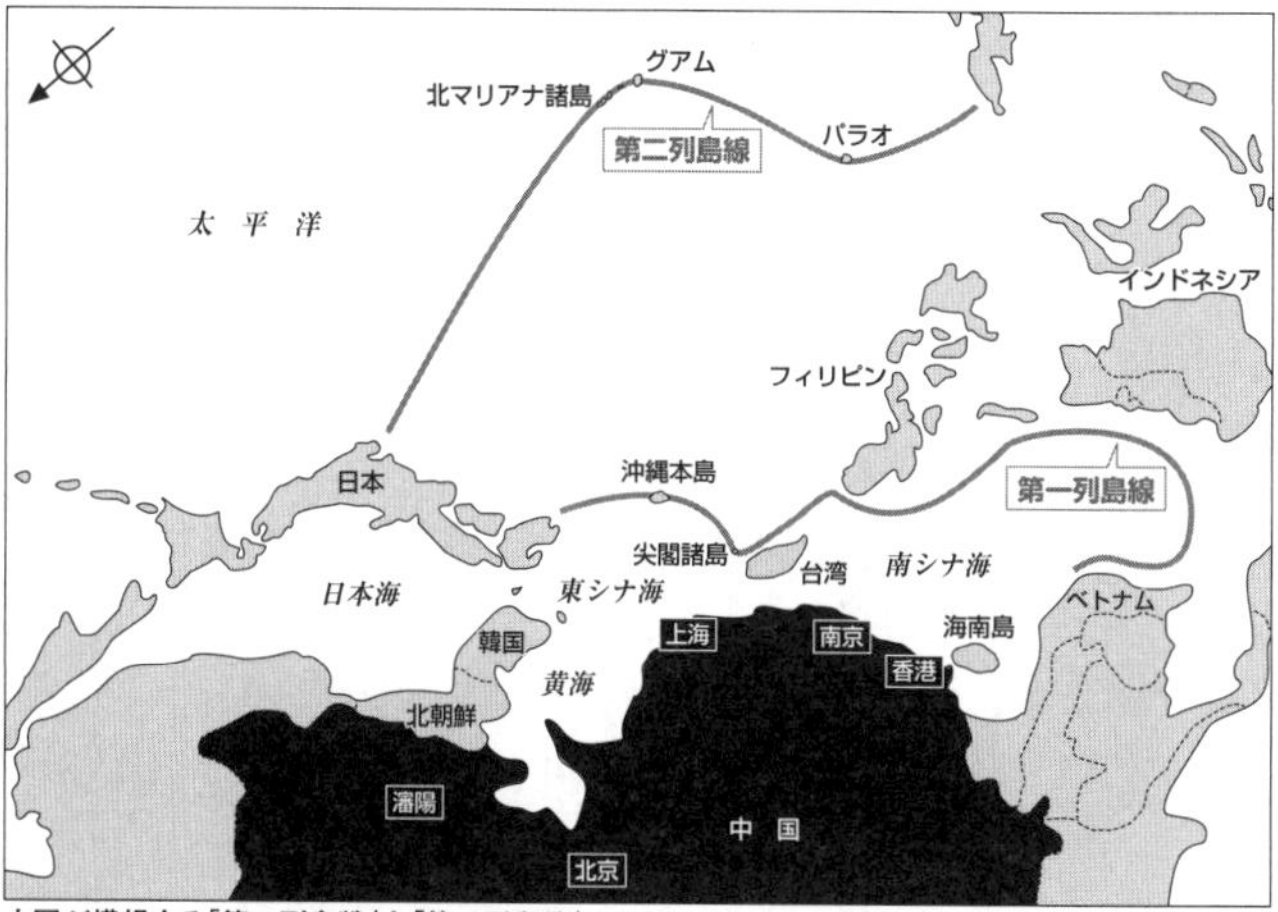

中国が構想する「第一列島戦」と「第二列島戦」

ている。呉はかつてティモシー・キーティング米太平洋軍司令官に対し、ハワイを中心に東西を米中が分割することを提案しているのだ。

機動部隊は平成二十八（二〇一六）年十二月二十五日、宮古海峡（沖縄本島と宮古島の間に位置する）を通過した後、台湾東方海域を南下、バシー海峡を通過した後、台湾海峡を北上して台湾を一周した。中国空母が初めて「第一列島線」を通過して太平洋に出たことに対し日米の防衛当局は注目した。中国はカタパルト（航空機射出装置）を装着した正規空母の建設を開始しており、二〇二〇年には運用を開始するものと思われる。

「第一列島線」とは中国接近拒否戦略の骨格をなすもので、九州を起点に、沖縄、台湾、フィリピン、ボルネオ島にいたるラインを指す。中国海軍及び中国空軍の作戦区域・対米国防ラインとされる。有事の際、このラインから中国大陸沿岸までの海域への米軍艦艇の侵入を阻止する（制海制空権確保）という基準線であるのだ。中国軍部は平成二十七（二〇一五）年達成を目標にしていた。

もともとは昭和五十七（一九八二）年に、当時の最高実力者であった鄧小平《とうしょうへい》の意向を受けて、元中国人民解放軍海軍司令員（司令官）劉華清《りゅうかせい》が打ち出した中国人民解放軍近代化計画、及び戦略の概念から出発している。さらに中国の目標は二〇二〇年には「第二列島線」を画策している。伊豆諸島を起点に、小笠原諸島、グアム、サイパン、パプアニューギニアに至るラインを形成し、接近拒否エリアを拡大する戦略を構想している。

そして二〇四〇～五〇年までに西太平洋、インド洋で米海軍に拮抗《きっこう》できる海軍を建設する予定である。

2 沖縄に迫る中国　沖縄独立と米軍撤退

最近の中国海空軍による行動は活発化しており、脅威のステージを数段高めている。

前述したように、平成二十八（二〇一六）年十二月二十五日、中国海軍空母「遼寧」以下七隻の艦艇が宮古島の海峡を通過したのち南下し台湾を時計回りに一周した。宮古海峡通過時、随伴艦搭載ヘリが我が国領空十キロまで接近した。那覇基地から空自F15が発進して領空侵犯を阻止した。ところで平成二十七年六月八日、中国海軍フリゲート艦が尖閣諸島の接続水域を航行し、海保に衝撃を与えた。

尖閣海域でもう一つの脅威も拡大している。中国のお家芸、漁船団と海上民兵である。これは日華事変（シナ事変）のときも類似の漁船団が、帝国海軍艦艇を包囲し爆雷を艦体に仕掛けようとした事案があった。

平成二十八年八月六日から十日にかけて中国公船十五隻を含む二百三十隻の漁船が沖縄県石垣市尖閣沖に押し寄せた。公船七隻には機関砲が装備されており、十五隻中九隻が我が国領海を侵犯し、中国漁船のべ四十三隻もこれと前後して領海侵犯したのである。

この漁船群のうち百隻以上の船長は海上民兵であったという。平成二十五（二〇一三）年三月十四日に習近平氏が国家主席に就任すると、四月には海南島の訓練基地を訪れ激励している。今後、中国はこの海上民兵組織と公船を同時運用した手法で尖閣諸島や沖縄離島上陸を狙うものと予想される。万一、前者が漁民に扮して島嶼《とうしょ》に上陸した際は、我が国は警察力の投入でしか対処できない。海自の出動もできなければ、日米安保も発動できない。

「民兵」とは、退役軍人などで構成される準軍事組織で、警戒や軍の物資輸送、国境防衛、治安維持などの役割を担う。このうち漁民や港湾労働者らなど海事関係者で組織されているのが海上民兵といわれる。

中国の民兵は、改革開放当初の一九七〇年代末には三千万人いたのが、平成二十三（二〇一一）年には八百万人まで減少した。しかし、海上民兵だけは習近平国家主席の方針で重要視され増強される傾向にある。現在は総勢約三十万人の海上民兵が存在していると言われている。

思想教育の一環として映画を見せる

習近平氏の国家主席就任以降から最近までの動きを羅列してみよう。

習主席は軍への統制力を確立しながら尖閣諸島を含む沖縄県島嶼への進出を画策し、その脅威の度合いが増していることが理解できる。海上民兵に日本への敵愾心《てきがいしん》を植え付けるため、「南京大虐殺」や「甲午《こうご》大海戦」（日清戦争時の黄海海戦）といったテーマの映画を思想教育の一環として鑑賞させているという。

平成二十五（二〇一三）年秋、中国は四万人の大軍を動員して石垣、宮古両島などへの同時上陸訓練を東シナ海で実施した（米海軍情報）。間もなく十一月二十三日には尖閣諸島空域に防空識別圏を設定した。

平成二十六（二〇一四）年十月には尖閣諸島北西三百キロの南紀列島に空軍基地が設営された。ちなみに那覇基地から尖閣までは四百十五キロもある。

台湾併合を目指す中国は、対岸の福建省などに三十九の空軍基地を建設している。そのうち十六基地は平成二十三（二〇一一）年以降に建設されたものである。これらにエリア内で対抗できる米軍の基地は沖縄の嘉手納《かでな》基地のみである。

平成二十七（二〇一五）年五月には、中国政府は国内で建造される民間船舶に対し、有事には軍の徴用に応じられるよう基本設計を同一に行うよう指示した。

平成二十八（二〇一六）年七月三十一日より八月四日までの五日間、中国は艦艇約百隻、航空機数十機が東シナ海の広域で実弾発射演習を実施したのみか、五月下旬以降、中国空軍戦闘機が尖閣空域に接近を繰り返し領空五十キロに迫ったこともあった。そればかりかスクランブルで警告する空自戦闘機に対し、中国軍機が攻撃動作を仕掛けるなどの威嚇を行っていたのだ。台湾併合または沖縄県島嶼部への上陸支援訓練と解されるが、まさに一触即発の状況であった。

海上では海保が活動しており、海自と中国海軍衝突のクッションたり得るが、航空においては、中国空軍機と空自戦闘機が直接対峙している。従って、軍事衝突の可能性が極めて高い。

防衛省は平成二十九（二〇一七）年一月二十日、平成二十八年四月～十二月間のスクランブルの状況を発表した。

緊急発進八百八十三回（過去最多）のうち中国軍機が七三％、六百四十四回を占めている。うち六百八回は、南西航空混成団（那覇）が占めているのだ。二〇一六年度では千百回に達している。

✣軍のナンバー2を汚職で摘発逮捕

習主席の軍への統率力も充実してきた。平成二十六（二〇一四）年八月、徐才厚《じょさいこう》前中央軍事委員会副主席（軍のナンバー2）を汚職で摘発逮捕すると共に、平成二十七（二〇一五）年九月三日、「中国人民抗日戦争・世界反ファシズム戦争勝利七十周年記念式典」で、人民解放軍陸軍歩兵三十万人の削減を突然発表、軍内に激震を走らせた。

平成二十八（二〇一六）年二月一日、軍管区を改編した。七軍区から五大戦区に統合すると共に、各戦区に陸海空軍を集中運用する統合作戦司令部を設置した。特に東部戦区（司令部在南京）に対し、尖閣や日本、台湾への戦闘に備えるよう指示している。また歩兵三十万人削減によって生じた軍事費（年間六百億元〈約一兆二千億円〉）をもってロケット軍やサイバー部隊（戦略支援部隊）を強化、人民解放軍を従来の陸軍主体から海空軍同列に改編した。

日米の防衛当局はこれまで習主席の軍に対する統率力に疑問を持っていた。平成二十六年九月十七日から十九日にかけて、習主席がインドを公式訪問した際、約一千人の解放軍がインド北西部ラダック地方のインド側に侵入、中印両軍が対峙していたのである。

一方、平成二十五（二〇一三）年以降、沖縄本島北西約三百五十キロの海域に計十二基の海上構造物（プラットフォーム）が漸次《ぜんじ》建設された。当初は石油掘削《くっさく》のための海上リグとされていたが、平成二十八年八月六日には、その一部にレーダーが設置されていることが判明した。

このように、我が国、特に沖縄を取り巻く軍事情勢は日増しに厳しくなってきている。そもそも中国の軍事費は過去五年間で二桁台に拡大しており、単年度でも我が国防衛費の三倍以上はある。平成二十八年は、我が国防衛関係費の三・七倍にあたる約十七兆二千億円にのぼる。これらはあくまでも公式発表であり、別項目も勘案すれば五〜八倍という分析もある。

この結果、戦闘機は平成二十四（二〇一二）年以降の三年間に三百機拡大して七百三十機が新造され、さらに平成二十八年に八十機が増産され合計八百十機が実戦配備に就《つ》いている。これは空自の約三倍に相当する。その他、二〇二〇年までに艦艇二百八十隻、うち正規空母三隻、潜水艦百隻（日本二十二隻）の建造計画を立てている。艦艇総数二百八十隻とは現在の米海軍に匹敵するのである。

我が国の司法権も侵害されつつある。平成二十八年三月十六日に閉幕した中国の全国人民代表大会で、最高人民法院（最高裁）周強《しゅうきょう》院長が活動報告を行い、「尖閣海域で中国の司法管轄権を明確にした」とアピールした。平成二十六年九月、尖閣付近海域でパナマ船籍の貨物船と中国漁船による衝突事故を中国海事裁判所が処理したというのだ。中国政府による我が国の主権蹂躙《じゅうりん》は油断できないところまできている。

今、沖縄では中国人民解放軍の政治工作条例「三戦」が展開されている。三戦とは敵国の内部攪乱を目指すもので、①法律戦、②心理戦、③世論戦の三つの戦術を示す。

今後最も懸念されることは、宮古海峡に面する下地島《しもじ》空港である。中国はこの使用を虎視《こし》眈々《たんたん》と狙っている。人民解放軍の工作機関である有連会（中国国際友好連絡会。人民解放軍総政治部の工作機関）は、この使用を計るため頻繁に訪れているのだ。

これは滑走路距離三千メートル、第三種空港で運営権は沖縄県にある。尖閣までの距離百九十キロ、昭和四十八（一九七三）年七月三日、民間航空機の訓練飛行場として竣工《しゅんこう》したが、現在は使用されていない。

ところが飛行操縦士育成などを手掛ける沖縄県内民間会社が、下地島空港での実施訓練を計画している。同社は平成二十八（二〇一六）年十二月七日、中国福建省の海南航空学校と業務提携を結び、パイロット資格取得の養成事業を受託。四十二週間の訓練期間のうち、十二週間を同社が受け入れ、残り三十週間は同社が提携する米国のパイロット養成学校で訓練するという。平成二十九（二〇一七）年二月に同校の学生三十五人が沖縄で訓練する予定で、年間七十人を受け入れるという。ところが会社は設立されているものの、航空機などの機材はいまだ準備されていない。

公安調査庁は平成二十八年十二月二十一日、日本の「公共の安全」に関して「内外情勢の回顧と展望」（二〇一七年版）を発表した。

初めて中国学術機関と沖縄独立勢力との交流を指摘、「日本国内の分断を図る戦略的な狙いが潜んでいる」「今後の沖縄に対する中国の動向に注意を要する」と警告を発している。

これに対し『琉球新報』は「沖縄敵視の言い掛かりだ」と社説で批判している（平成二十九年一月十八日）。

❖沖縄独立への衝撃のシナリオ

次は、沖縄独立に関する「沖縄『建白書』を実現し未来を拓く島ぐるみ会議」国連部会長、琉球大学教授島袋純氏が、同氏のブログに記されていた沖縄独立へのシナリオである。目指すものは在沖縄米軍の全面撤退である。島袋氏は平成二十七（二〇一五）年八月二十五日、静岡で講演し、九月に翁長知事を国連で演説させることを発表すると共に、辺野古基地問題を人権問題、民族差別に印象操作している。

島袋氏は次のような方針を打ち立てている。

「沖縄の自治確立、一・短期、二・中期、三・長期展望について」

・その一――短期（〇二年～〇六年でやるべきこと）

一）広域連合の設置（郡レベルと琉球諸島レベル）

二）沖縄県自治基本条例の制定

三）基本法制定県民会議の立ち上げ、県案提示
四）国連機関への県の積極的関与。特に人権関係諸委員会

・その二――中期（〇六年～一〇年ごろでやるべきこと）
一）国会沖縄委員会の設置要求
二）基本法の国会提出と可決、九十五条住民投票実施
三）特別基金設置要求
四）憲法九条改正の場合の沖縄の対応を明確化しておく（平成二十七年八月、島袋氏は「九条が改正されれば沖縄は即独立する」と発言している）
五）国連人権高等弁務官事務所の沖縄への開設

・その三――長期（一〇年以降）
一）主権回復。日本との国家連合のための組織設置EU委員会型
二）東アジア連合委員会の設置
三）国連アジア本部の設置
四）日・米との安全保障条約の締結。沖日米合同安全保障会議の設立
五）二〇年をめどに、安全保障会議からの離脱

安全保障条約を平和友好条約に変更

中国は従来こういった友好分子を利用して地域を独立させて安全保障条約を結び、自軍を進出させるという手法で侵略を行ってきた。チベットやウイグルも、このような手法で侵略してきたのである。

ところで、平成二十八（二〇一六）年五月十五・十六日の両日、北京で、「第二回琉球・沖縄最先端問題国際学術会議」が開催された。

地元二紙の記者をはじめ、日頃から沖縄独立を主張する県出身大学教授らが出席した。主催者は、中国戦略・管理研究会、北京大学歴史学部、北京市中日文化交流史研究会等であった。中国戦略・管理研究会こそは、人民解放軍の元上将（大将）など大物軍人が理事に名を連ねるなど明らかに中国人民解放軍と関連する組織である。

議題は、①沖縄の自己決定権、②米軍基地問題、③沖縄独立であった。十五日のセッションでは、宋成有北京大教授が「『琉球処分』の再認識」と題して発表し、廃藩置県当時、琉球王国士族から救国要請を受けた中国は「国力が弱っていて強く出られなかった」と釈明した。

同年八月には、三百隻前後の中国漁船団と十五隻以上の中国公船が尖閣諸島近海を遊弋《ゆうよく》し、我が国領海への侵入を繰り返した。沖縄独立を主張する集団にとっては「援軍来たれり」と言わんばかりである。

同年九月十一日、元総理の鳩山由紀夫氏や、元沖縄県知事の大田昌秀氏ら県内外の左翼有識者が呼びかけ人となって、「東アジア共同体・沖縄（琉球）研究会」が那覇で発足された。目的は沖縄の独立を含む自己決定権のあり方を多角的に研究するというのだ。

❖巧妙な分断工作

ところで翁長知事は、平成二十七（二〇一五）年九月二十一日、スイス・ジュネーブにおける国連人権理事会で、沖縄県民を先住民に認定させる運動を展開するＮＧＯ「市民外交センター」（代表・上村《うえむら》英明恵泉女学園大学教授）のサポートで国連演説を行い、国際社会に「沖縄の人々の自己決定権がないがしろにされている」と訴えた。

実は、これに先立つ平成二十（二〇〇八）年、国連人権委員会は日本政府に対し、「アイヌ民族、及び琉球民族を国内立法下において先住民と公的に認める」よう勧告しているのだが、これも「市民外交センター」らが働きかけたものだった。

そのため、沖縄県議会は、この翁長知事の演説を問題視し、「〝県民は先住民〟との印象を国際社会に与えた」などと知事を批判した。

ところで、平成二十五（二〇一三）年五月十五日は、沖縄が日本に復帰して四十一年目。「琉球民族独立総合研究学会」が大学教授らを中心に沖縄で設立された。趣旨として、「琉球は日本から独立し、全ての軍事基地を撤去し、新しい琉球が世界中の国々や地域、民族と友好関係を築き、琉球民族が長年望んでいた平和と希望の島を自らの手でつくりあげる必要がある。（中略）琉球の独立が可能か否かを逡巡《しゅんじゅん》するのではなく、琉球の独立を前提とし、琉球の独立に関する研究、討論を行う」と書かれている（同学会公式サイト引用）。

中国の人民日報系紙『環球時報』は、翌日五月十六日付の社説で、この「琉球民族独立総合研究学会」について、「中国の民衆は支持すべきだ」と主張した。一方、『人民日報』は五月八日には沖縄の帰属問題について「未解決だ」とする論文を掲載するなど、我が国の主権を否定するともとれる論調が相次いだ。

平成二十八（二〇一六）年八月十二日付の『環球時報』は、「中国人は『琉球諸島』をいつの間にか『沖縄』もしくは『沖縄県』と呼ぶことに慣れてしまったが、これは琉球の主権が日本に帰属することを認めていることを暗示する呼び方である」と主張した上で、「琉球諸島を沖縄と呼ぶべきではない」と論じる記事を掲載した。

記事は、「琉球王国はもともと独立した存在だったとしながらも、その後、日本によって占領されたと主張、『占領はごく最近のことである』」とした。

米国も長期にわたって日本の琉球に対する主権を認めず、「沖縄」という言葉の使用も認めなかったとして、一九四三年に開かれたカイロ会談では米国のフランクリン・ルーズベルト大統領が二度にわたって琉球の主権を中華民国に渡すよう提案したと指摘した。

一方、昭和四十六（一九七一）年に米国は日本と「沖縄返還協定」を結び、琉球は日本によって管理されることになったと指摘しつつも、「注目すべきは、米国が日本に行政管轄権を渡しただけであり、主権の帰属は認めていない点だ」と主張した。さらに記事は、「沖縄」という名称は日本人が琉球諸島を占領した後につけた名称であり、正式名でもなければ伝統的な呼称でもないと主張。琉球諸島の立場は道理や法、歴史から見ても「現在もまだ定められていないと見るべきだ」と主張している。ちなみに「琉球」の名称は、明国皇帝の命名による。

沖縄の主権に関する中国の主張は、平成十七（二〇〇五）年四月以降、活発化してくる。そしてエスカレートしてくる。

同年四月十八日、中国北京市で反日デモが起きた際、「沖縄を中国に返せ」と書かれたビラがまかれた。八月一日には、中国の国際問題専門誌『世界知識』は、「戦後の日本による米国からの琉球接収は国際法上の根拠を欠き、その地位は未確定のままだ」と主張した。

平成二十二（二〇一〇）年六月には、当時の菅直人首相が、沖縄民謡ヴォーカリスト、喜納《きな》昌吉《しょうきち》氏に対し、平成二十一（二〇〇九）年九月に、「沖縄は独立した方がいいよ」などと語っていたことが判明し、一部の中国のネットサイトは絶賛したり、「沖縄を一度独立させ、中国の属国にしよう」との意見が掲載されたりした。複数のサイトでは「日本の主権には正当性がない」とする「沖縄奪還論」が掲載された。

平成二十二年十一月八日には、中国商務省研究者・唐淳風が『環球時報』で、「明治十二

（一八七九）年に琉球王朝が廃止されてから昭和二十（一九四五）年の敗戦まで、日本政府が沖縄に対して残酷な統治を行った」と強調した。

また、「沖縄戦終了間際には現地軍に県民の皆殺し」を命じ、「米軍占領の直前に日本軍は二十六万人を殺し、虐殺の規模は南京大虐殺に次ぐものとなった」とし、「昭和四十七（一九七二）年の本土復帰後、日本政府が沖縄を国内植民地として扱った」などと、嘘八百の主張をした。

「沖縄の米軍基地問題をめぐって日本政府と沖縄住民の対立が深まり、沖縄独立の機運を高めた」とし、「沖縄の独立闘争は沖縄だけの問題ではなく、全世界の圧迫を受けている民族をいかにして解放するかという大きな問題だ」と主張した。

また、「日本政府は沖縄の陸海空自衛隊の配置を強化し、日米同盟を頼みとして再び沖縄を中国封じ込めの最前線基地にしようと企てている」とし、「沖縄独立闘争の主な目的の一つは中国の戦略的安全にある」と主張している。

第二章

沖縄は文化的には既に中国の隷下に

1 「三跪九叩頭の礼」と、中国礼賛！

沖縄のメディアは無論のこと、日本の本土メディアの一部も、琉球王国をファンタジーの世界のように描く。その王国は琉球処分で明治政府に滅ぼされ、以降、日本の植民地にされたと喧伝《けんでん》されている。結果、県内左翼は、我が国を恨み、皇室さえも批判する。

一方、本土国民には沖縄を滅ぼしたという罪悪感が浸透している。このような歴史教育は地元中高校で行われているばかりか、毎年約五十万人が訪れる修学旅行の中高生に同様な教育が行われている。さらに中国は沖縄を特別視する日本の姿勢を見抜いており、それを利用して日本国民の分断を謀《はか》っているのだ。

ところで中国皇帝への礼式で、世界で最も屈辱的とされ隷属や降伏を表明するともいわれる「三跪九叩頭《さんききゅうこうとう》の礼」（英語ではkowtowing）が、公然と行われているところが世界に一カ所だけある。かつて琉球王国の王城があった沖縄首里《しゅり》城である（平成四〈一九九二〉年復元）。

毎年一月二日、ここでは王国時代の旧正月の儀式として北京を遥拝《ようはい》する儀式が行われる。王、及び王府役人に扮した役者の長が「ワンワンワンスーイ」（中国語で「万万万歳」）という号令一下、北京の紫禁城《しきんじょう》に向かって一斉に合掌するのだ。皇居で行われる一般参賀に対抗するかのようである。

このシーンを見た新疆《しんきょう》ウイグル自治区出身者曰く、「シナの皇帝に対する祝福です。日本の天皇に対しての万歳三唱と似ています。首里城から北京に向かってそのようなことをしたら、完全な臣下の礼ですね」と。彼は「沖縄人は奴隷民族か」とまで批判した。儀式的なイベントとはいえ、中国への拝跪《はいき》熱を顕《あら》わにする沖縄の県民性が理解できないのだ。平成二十一（二〇〇九）年七月、ウイグルで発生した騒乱で当時国家副主席であった習近平氏の指示により中国軍が出動し三千人以上が虐殺されている。要するに、このような行為は中国共産党に対して誤ったシグナルを送ってしまうのだ。

なお首里城入口にある「守禮之門《しゅれいのもん》」は中国冊封使《さくほうし》を迎えるために建立されたもので、「守禮之邦」の扁額《へんがく》が掲げられている。冊封使たちは、この門を通って入城し、正殿にて琉球王と三司官（総理）から三跪九叩頭の礼を受けた。「守禮之邦」の守禮とは中国皇帝に対する礼を意味する。

このような光景が中国で放映されており、中国国民は本気で「沖縄諸島の主権は、もともと中国のもの」という認識を強固にしている。

中国では近年、沖縄への我が国の主権を否定する論文が続出しているが、その根拠こそがこの朝貢の歴史であるのだ。

『環球時報』（平成二十八〈二〇一六〉年十一月十六日）に、我が国が「奄美・沖縄」を世界自然遺産に登録する動きに反対する論文が掲載された。中国社会科学院政治学研究所の研究員が「琉球は日本固有の領土ではない」として反対の意見を述べているのだ。「琉球処分」を引用し、「琉球はかつて独立国で中国が宗主国であったものが、日本に武力併合された」として、その研究員は日本が沖縄列島を領有することは、カイロ宣言やポツダム宣言の趣旨にも反すると主張している。

❖「首里城祭」における異様な光景

毎年十月二十九日、首里城で琉球国王の即位式を再現した冊封儀式が催され、三跪九叩頭の礼の式が挙行されており、中国人観光客を驚嘆させている。平成二十八年は、折しも観光で訪れた香港出身の青年たちがこのシーンを見て唖然《あぜん》としていた。

香港返還から十九年、当初中国政府は「一国二制度」を謳《うた》い、高度の自治を五十年間は保障すると公約したものの、急激に自由が制限されるようになった。地元青年たちは平成二十六（二〇一四）年九月、北京政府に抵抗して民主化要求運動、いわゆる雨傘《あまがさ》運動を起こした。彼らは中国政府に隷属する勢力や行動を批判する際、この「kowtowing」を引用するという。

冊封儀式の流れはこうである。県民から公募された男性が琉球王を演じ、壇上櫓《だんじょうろ》に並立する中国皇帝から派遣された冊封正使と副使に正対して直立する。すると琉球王の後ろに立つ中国官吏が中国語で、「跪《クウイ》」（日本語で「跪《ひざまず》け！」）と命令する。すると琉球王は冊封使への視線を逸らすことなく跪く。続いて中国官吏が「叩頭《コウトウ》」と号令、琉球王は額を三回地面に叩きつける。さらに「起立《チイシヤン》」と号令が続き、王は即座に起《た》つ。結局一連の動作を三回、合計で九回額を地面に叩きつけるのである。その後、冊封使は琉球王を任命する。この儀式を見ていると、中国皇帝による認証式というより隷属の儀式と解釈される。

「首里城祭」は毎年十月二十八日から十一月三日の間に実施される。PRパンフは十ページより作製されており、表紙には御輿《みこし》に乗る琉球王と首里城の写真が掲載されている。「琉球王国時代の風が吹く」というキャプションつきでもあり、豊かな独立国のようなイメージを受ける。沖縄では戦前世代がこの世を去るにつれ、琉球王国が華美壮大に描かれ始めている。最近では王が中国の隷属下にあったことを示す行事が開催されているのだ。

不思議にも、地元メディアは、この礼式に関してのみ県民へのPRを控えている。

実態は過去十三年間密かに実施されてきているのだ。開始は平成二十五（二〇一三）年、翁長知事が那覇市長に初当選して三年経過した年である。翁長氏は市長を四期続投するが、那覇市長当選二期目の平成十七（二〇〇五）年、那覇市の姉妹都市である中国福建省福州市から「名誉市民」の表彰を受けている。

『中国網』日本語版は十月二十九日、同パレードについて報じているが、その際、「琉球王国は昔、中国の冊封国で、明治維新末期、日本に武力により併合された」と報じている。

主催は首里城祭実行委員会であるが、共催に琉球新報社が明記されている。同社は平成九（一九九七）年二月十九日、台湾最大手の中国時報社と記事交換協定を締結している。その中国時報社は平成二十一（二〇〇九）年、台湾きっての親中企業集団「旺旺中時媒体集団」（ワンワングループ）の傘下に入っている。要するに間接的とはいえ北京の影響下にあるのだ。

❖中国的儀式がなぜ沖縄で

平成二十八（二〇一六）年二月、山形県にある米沢市上杉博物館で「上杉家の古写真展」が開催された。メインテーマは沖縄第二代県令（県知事）として赴任した上杉茂憲《もちのり》関連史料の公開展示であった。

上杉は廃藩置県から二年後の明治十四（一八八一）年以降、一年八カ月間在任した。この時代、明治政府は中国政府の干渉もあって、旧慣体制を暫定的に存続させていたのである。上杉（当時三十七歳）がしたためた日誌には、代官「地頭代《ジトデー》」がいかに農民（人民）を搾取《さくしゅ》していたかが強調されている。上杉が沖縄農民を解放するため政府に早急な行政改革を訴えた結果、かえって罷免《ひめん》されたという史実も紹介されていた。

ところが琉球新報社は写真展については大きく報道し、また三日間それぞれ紙面一ページを割いて連載はしたものの、上杉が改革を試みた旧慣体制の本質を紹介しなかった。もしそうすれば、琉球王国の実態が判明し、廃藩置県が肯定されるからである。驚いたことに、上杉が県令在任中に撮影した写真を引用して、「琉球王国の栄華を伝える」という趣旨の印象操作まで行っている。上杉は沖縄を離任するとき沖縄近代化の要諦は教育にありとして、私財三千円（現在の一億円相当）を奨学資金として県に寄贈した。上杉家はこのため経済的に困窮し、夫人の大礼服が作れず、宮中晩餐会への出席もままならなかったという。

ところで、首里城祭りと重なるように、「世界のウチナーンチュ大会」が十月二十六日から三十日まで開催された（ウチナーンチュとは方言で「沖縄人」の意味）。これは沖縄から海外に移民した一世や子孫が五年に一度沖縄に集うもので今回が六回目である。渡航費用及び滞在費は県が負担する。十月二十六日には前夜祭としてパレードが実施され、世界二十八カ国から約七千人が参加した。沖縄は祭り一色に包まれたが、このフェスティバルの間、日の丸の国旗はどこにも掲揚されなかった。さらに「米軍基地建設のため、島を追われた」というニュアンスの文言を地元メディアは報道していた。

『琉球新報』は翌日、「王朝時代の栄華、今に」と報道、『沖縄タイムス』は負けじとばかり、「冊封儀式　県系人も感銘」という見出しで、ウチナーンチュ大会でハワイから来県したスタンリー高嶺氏（八十八歳）のインタビューを引用していた。「『中国の儀式のようでとても興味深い。沖縄は素晴らしいね』と満足に見入っていた」と紹介している。先述した、香港の民衆やウイグル出身の識者とは対照的な感想であった。

2 「土人発言」への過剰反応

平成二十八（二〇一六）年十月十九日以降、県内は異様な空気に包まれていた。この前日十八日、米軍基地反対勢力（極左勢力）対策で沖縄県警応援のため派遣されていた大阪府警機動隊隊員二人が反対派と口論になった際、それぞれ「土人が……」「だまれ、こら、シナ人」と発言した。このため左翼やメディアは、「県民差別！　民族差別！」として連日、差別糾弾のキャンペーンを展開したのである。そこには県民を扇動し、本土と分断しようとする動きが見えてくる。

同年十月二十日午後、「土人発言」を受け、翁長知事は県庁に沖縄県警本部長を呼びつけ、「県民の感情を逆なでし、悲しみに陥らせる厳しい言葉だ」と抗議した。「土人」のもとの意味は「土着の住民」（『岩波国語辞典』）、つまり〝先住民〟という意味だ。

先述したが、平成二十七（二〇一五）年九月、国連人権委員会で翁長知事は演説を行ったが、沖縄県議会は、演説の文言に〝先住民族〟という言葉はないものの「そんなＮＰＯのサポートを受けて、翁長知事は演説を行った。間接的に『沖縄県民は日本の先住民』との印象を国際社会に与えた」として知事演説を糾弾している。

翁長知事は「沖縄県民は先住民族」という印象を内外に与えながら、同胞から「土人（先住民族）」と言われただけで「差別だ！」と批判したのだ。

❖元知事稲嶺惠一氏と仲井眞弘多氏の不可解な行動

平成二十八年十月二十日、参議院でも対照的な動きがあった。同外交防衛委員会で自民党の山田宏参議院議員が、「国民の一部に沖縄は琉球民族の国であり、自己決定権を保障されるべきだ、主権を回復させるべきだ、日本から離れて独立すべきだ、という主張がある。この背後には中国がいる。日本国を沖縄と本土で分断しアメリカから引き離す。こういった策謀がずっと続いているのではないかと思う」と述べ、沖縄は日本国の一部であることを歴史的資料に基づいて対外的に示すよう主張している。

岸田文雄外相はこれに答えて「沖縄県については遅くとも琉球藩の設置や沖縄県の設置の時には、日本国の一部であったことは少なくとも確かである。これらの措置は法的には問題なかった」と従来通りの見解を述べた。

ところが九日後の二十九日、『琉球新報』は社説で「沖縄差別の政策やめよ　国民と県民の分断強める」と題して、「機動隊員の『土人』発言に県民は激怒した。だが『シナ人』発言に戸惑った県民も多かったのではないか。二十代機動隊員が死語に近い『土人・シナ人』の言葉を発したことも不思議だった。ネット上で国策の基地建設に反対する県民が『土人・シナ人』呼ばわりされ、県民を異端視し偏見を助長する言説が流布されていることが背景にある」と、こう強調した。

同紙は本質的な議論を回避している。沖縄県における中国礼賛熱や沖縄政財界に君臨する中国帰化人子孫の実態を隠しているのだ。

沖縄では出自が中国人移民であることは、一種のステイタスである。前知事の仲井眞弘多氏、その前任の稲嶺惠一氏は選挙の際、それぞれの先祖が中国移民であることをアピールしていた。仲井眞氏の先祖名は「蔡」、稲嶺氏は「毛」である。

仲井眞氏などは平成二十三（二〇一一）年一月十四日、初めて挙行された尖閣諸島開拓の日記念式典（主催沖縄県石垣市）に出席せず香港に向けて那覇を発ち、十六日に密かに北京に一泊している。

同式典は、平成二十二（二〇一〇）年九月七日、石垣市尖閣諸島沖で発生した中国漁船による海上保安庁巡視船への衝突事件を受けて、地元をはじめ国民有志が尖閣諸島に対する我が国主権をアピールするために開催された。石垣市民をはじめ平沼赳夫氏、下村博文氏などの保守系国会議員を含め、約三百人が出席していた。

仲井眞氏は、那覇空港出発直前、地元テレビ局から取材を受けた。憮然《ぶぜん》としながら、「東シナ海の問題はとやかく言われているが、中国と沖縄の関係はそれに比べるべくもなく深いものがある」と発言し記者の取材を振り切った。ところが尖閣諸島開拓の日記念式典から十三日後の一月二十七日、那覇市内で開催された「沖縄新華僑華人総会」（在沖縄華僑や中国帰化人子孫が発起人となって、尖閣沖での漁船衝突事件で日中間の交流が疎遠になったことを修復する目的で設立）設立祝賀会には積極的に出席し祝辞まで述べている。

一方、稲嶺氏は習近平氏と昵懇《じっこん》である。知事在任中は、六回も中国を訪問している。昭和六十（一九八五）年、習氏は福建省廈門《アモイ》市の副市長に就任する。以来十七年間勤務、最終的には平成十二（二〇〇〇）年、省長（県知事）にまで上りつめる。沖縄在住帰化人子孫の主な出身地は福建省で、現在も交流は活発である。習氏は福建省在任中、四～五回沖縄を訪問しているのだ。

平成十三（二〇〇一）年二月二十八日には、習氏は友好訪問団団長として県庁を訪問。その時、知事であった稲嶺氏は習氏を歓待した。平成十四（二〇〇二）年八月十三日、今度は習氏の招待で稲嶺氏は福州を訪問、西湖飯店で歓迎晩餐会に出席した。その際、習氏は式辞で福建と沖縄の六百年にわたる交流の歴史を強調している。

現在、地元の学校教育では近代沖縄は中国帰化人と、その子孫によって建設されたとされているが、その信憑性《しんぴょうせい》には疑問符がつく。大正時代以降、沖縄方言に中国語の影響はほとんど見られない。明治以降、沖縄に主に鹿児島、広島、山口出身の商人が押し寄せ、那覇のメインストリートは彼らの経営する商店に埋め尽くされた。中国帰化人たちに実力があれば、東南アジアに展開する華僑ネットを通じて、日本本土出身商業人に対抗できたのではないだろうか？

3 琉球王国の実態

ここで中国と沖縄の歴史を述べたい。

一三七二年、琉球王は明国の洪武帝《こうぶてい》に初めて朝貢した。当初は明国皇帝からの要望に恐る恐る従ったに過ぎないが、その莫大な返礼に驚嘆した。以降、これを「唐一倍《とういちべー》」と読んで十割近い儲けを甘受するようになる。それに伴い沖縄は華夷秩序《かいちつじょ》（中国の皇帝を頂点とする階層的な国際関係のこと）に編入されていった。はっきり言えば中国に隷属していき、住民は進取尚武《しんしゅしょうぶ》の気概を失っていった。それまで住民は小舟「サバニ」を操って、南はマラッカから北は六浦まで盛んに交易し、海洋民族の気性を遺憾なく発揮していたのである。

歴代琉球王は中国皇帝の機嫌を伺い、朝貢貿易のボリュームをいかに拡大するかに腐心《ふしん》するようになった。一四七七年に即位した尚真《しょうしん》王は、そのような体制の中で文官独裁国家を建設。刀狩《かたながり》を行い、按司《あんじ》（武装有力者）に家禄を設けて首里に住まわせた。按司の各領地には代官「地頭代《ジトデー》」を置いた。さらに石垣、宮古、奄美五島を武力併合し中央集権体制を確立した。なお王城が首里に設置されたのは尚真の父尚円《しょうえん》の時代からである。

尚真は離島住民に本島の三倍にのぼる人頭税を課しながら、地割制《じわりせい》という一種の共産主義的な「集団農耕体制」を確立する。集落ごとに課税し、一定年限ごとに集落単位で耕作地を交替させた。また集落間の交流を禁じている。これは地方豪族の発生や百姓一揆を防止することには役立ったが、農民は生産意欲を著しく喪失していった。

そのような沖縄に侵入してきたのが中国系移民であった。

明国は建国以来鎖国政策をとっており、外国船の出入りも朝貢船に限定した上、冊封国に中国人を在留させて朝貢貿易の政務を担当させた。実際は冊封国を監視させたのである。沖縄は慶長十四（一六〇九）年の薩摩軍侵攻まで約二百三十七年間、中国の強い影響下に置かれていた。

現在、那覇市内に〝久米《くめ》〟と呼ばれる地域がある。ここは十四世紀以来、中国人の居留地域となっていた。当地は今でこそ陸続きとなっているが、十八世紀初頭までは浮島と呼ばれていた小島であった。浮島の東北東約一・五キロの地点には安里川《あさとがわ》の河口があり、久米はその入り江にあった。それを東へ辿れば約二キロに首里城がある。浮島は東シナ海に面しているばかりか、琉球を制圧する点からも絶好の位置にあったのだ。

一方、寛永二十（一六四四）年、明が滅び清国が成立する。満洲族は明国人（漢民族）の粛清にかかった。そこでその支配を忌避《きひ》して明人三十六姓の部族が沖縄浮島へ亡命してきた。先述の仲井眞氏、稲嶺氏はいずれもこの三十六姓の子孫である。

久米は亡命者から琉球の監視役まで、いわば中国人の疎開地であり、一九五〇年代～六〇年代の香港のような様相を呈していたと言えよう。王国時代、名施政官と言われた、蔡温や程順則もこの久米の出である。ここでは十九世紀になってもシナ語が話されており、日清戦争終了まで沖縄を中国圏に留めようと画策していた。

❖「士人」「シナ人」発言の真意

中国移民が琉球王国を統制下にいかに置こうとしたかを物語る史実を二点紹介したい。

最後の琉球王尚泰《しょうたい》の四男尚順《しょうじゅん》（男爵）は、その遺稿で首里城の正月の光景を次のように回顧している。

「五族の大旗を立て、国王が北京の紫禁城に向かって遥拝《ようはい》される式であって設備装備は純粋の支那風によって挙行され、左右より羽扇を翻《ひるがえ》して国王が進み来られると同時に黄冠、紅冠をつけた唐栄（久米村人《クニンダンチユウ》）の連中ばかりの活動であった。久米の先生たちがケーウ（叩頭）、ケーウ（叩頭）と国王は一揖《いちゆう》せられて香を薫き、三跪九叩頭の礼を行った」

明治二十三（一八九〇）年、宮内大臣土方久元《ひじかたひさもと》が尚順に英国留学を勧め、併せて経費の負担を申し出た。ところが久米村人の反対で取り止めになっている。廃藩置県前後、王はこの中国帰化人子孫に「日本政府に絶対につくな！」と脅迫されていたという。

寛政十（一七九八）年にも同様な事件が起きた。「官生騒動」である。官生とは官費留学制度で、大永五（一五二五）年尚真王統治の頃、明の最高学府であった国子監《こくしかん》へ久米村人の中から四人を留学させたのを皮切りに約三百年間続いた。ところが尚真の子孫とされる尚温《しょうおん》王は、久米村人による官生枠の独占を打破しようと、四人のうち二人を首里士族の子弟から派遣しようと試みた。これを知った久米村人が猛烈に反発し暴動を起こしたのだ。尚温王は十九歳で早世するが毒殺されたという説もある。

久米村人子孫の結束は固く、現在も約一万人の県民が中国系移民子孫を自負しており、約十億円の共有預金と会館を運営している。

なお、沖縄県と福建省は平成九（一九九七）年九月四日、友好県省協定を締結しており、平成二十九（二〇一七）年九月には締結二十周年を迎える。沖縄県はそこで福建省と相互の貿易や投資の促進等経済交流の名目の下、平成二十八（二〇一六）年十二月二十八日、経済連携に関する了解覚書（ＭＯＵ）を締結した。

このプロジェクトの沖縄側の推進者は翁長知事、中国側は中日企業連誼会（同国外交部所管）である（詳細後述）。福建省は習国家主席が考案した現代版シルクロード構想「一帯一路構想」のスタート地点である。中国政府内には「沖縄が出発点である」という意見もあるという。

ところで沖縄県は平成十（一九九八）年七月二十八日、総工費五億五千万円の全額を出資して福建省政府と福州市内に共同ビルを竣工した。当初「所有権を折半する」と公約していた福建省政府は、完成直後沖縄県庁にＦＡＸを送り、沖縄県の所有権を全面否定する挙に出ている。

いたのである。

この時、翁長氏は県議会で、大田昌秀知事(当時)及び県執行部に対し、この問題を追及して

本論に戻る。

「土人」表現も戦前は差別用語でもなかった。また「シナ人」も地元紙が指摘するように中国をバカにした表現ではない。「土人」表現は後述するが、明治天皇が北条氏恭侍従を沖縄に頻繁にご差遣された際、侍従の沖縄訪問日誌にはこの土人表現が頻繁に出てくるが、文面上、県民を差別している箇所は一つもない。むしろ天皇の赤子《せきし》として沖縄近代化、県民福祉に心血を注いでいる光景が見てとれる。

「シナ人」発言に対しては、『環球時報』のコラムニストで沖縄大学教授、劉剛氏がこのような見解を示している。

「『シナ』という言葉は、秦の時代にインドやスリランカなどの仏典に記録があり、仏教とともに中国に入ってきた。英語のチャイナの語源でもあり、言葉自体は差別でもタブーでもない。日本では侮辱的な意味があり、特定の場所、場面で使われれば違和感を持たざるを得ない(後略)」(『沖縄タイムス』平成二十八〈二〇一六〉年十一月十八日引用)

だが、この点は高島俊男氏の「『支那』は蔑称ではない」(『諸君!』平成六〈一九九四〉年十二月号)を参照されたい。

第三章　皇室に助けられた沖縄

1 明治天皇は沖縄解放の最高功労者

平成二十八（二〇一六）年九月、私は明治天皇侍従子爵北条氏恭《ほうじょううじゆき》（最後の河内狭山《かわちさやま》藩藩主）の沖縄訪問日誌を発見した。恐らく戦前戦後を含め、このような史料が日の目を見るのは初めてのことであろう。前述したように、日誌には県民が「土人」と表現されているが、北条侍従は天皇の名代《みょうだい》として来県し民情を調査、その足跡はどの角度から見ても差別の片鱗も見られない。むしろ県民を天皇の赤子として慈《いつく》しんでいることがわかる。

明治天皇が廃藩置県（明治十二〈一八七九〉年）間もない沖縄に、いかに思いを深くされていたか。北条侍従を頻繁に差遣《さけん》されており、侍従による調査報告を基礎に天皇は皇室内廷金から多額の資金を県民福祉や災害被災者救済に下賜《かし》されていたのだ。さらに驚くべきことに沖縄で設立された史上初の地元食品加工業会社に対し、県を通じて助成金まで下賜されておられた。

廃藩置県直後、沖縄近代化は困難を極めていた。琉球王府体制下で人民は、琉球王と中国帰化人集団に、ことごとく搾取《さくしゅ》され疲弊《ひへい》していたからである。民衆は文字の読み書きすら全くできないばかりか、標準語不通者がほとんどだった。

不幸にも沖縄は過ぎし地上戦で史料のほとんどを焼失しており、また戦後左翼学者の手によって歴史が改竄されたこともあって、このような皇室の功績が完膚《かんぷ》なきまでに消去されている。

北条侍従の沖縄訪問は現在のような観光モードでは決してなかった、当時の沖縄は交通不便、インフラ未整備で、今のように航空機もなく神戸から船で五～六日かけて航海するが、六月～十一月には台風が航路を襲い、夏場は空中にマラリア蚊（シマダラ蚊）や害虫が飛びかい、地上にはゴキブリやムカデ、ヤモリなどの害虫が這い、山野に入れば猛毒のハブが人を襲う危険地域であった。巡回日誌には北条侍従がムカデに刺されたことが記されている。

北条侍従の視察は、目的にこだわらず、創立間もない地元小学校を訪問して教員、児童を激励していた。また災害被災者見舞いの際は被災地が離島であっても躊躇なく訪問し、被災農民や病者を戸々に見舞って天皇のお言葉を伝えている。

一方、本島中部における旱魃《かんばつ》被害見舞いの時には水源涵養林の植林を県に意見し実現させている。いずれも天皇皇后からの救恤《きゅうじゅっきん》金が被災住民に下賜され、民衆を感泣《かんきゅう》させた。

沖縄民衆は間もなく天皇と琉球王の違いを痛感する。後者は専制君主としてのみ存在し、人民を牛馬《ぎゅうば》のごとく酷使していたからだ。

明治三十四（一九〇一）年八月十九日、琉球最後の王、尚泰（侯爵）が死去するが、離島僻地《へきち》の民衆は悲しむどころか、かえってその死を喜んだ。本島北部金武村《きんそん》（当時）にいたっては祝いの綱引き祭りが三日三晩にわたって挙行されたのである。

天皇の援助の下に沖縄民衆は精気を取り戻していた。人口は廃藩置県（明治十二〈一八七九〉年）時、三十一万人だったが、明治二十三（一八九〇）年には四十万人に達していた。なんと二九％の増加率を示している。

一方、明治三十五（一九〇二）年には人頭税が勅令で廃止され、翌年には同様に、琉球共産主義体制（地割制）が廃止、要するに農地の私有制が開始された。それまで低迷していた生産意欲がようやく回復し、三十六年当時の作付面積を百とすれば、二十年後の大正十二（一九二三）年には、なんと二百三十九を記録している。

北条侍従の努力も結実した。

大正十（一九二一）年三月、皇太子（後の昭和天皇）の欧州ご外遊時のお召艦艦長に沖縄出身の漢那憲和《かんなけんわ》海軍大佐（後に少将）が補されたのである。漢那は那覇尋常小学校を優等で卒業し、沖縄尋常中学を中退したものの、当時難関中の難関と言われた海軍兵学校を恩賜《おんし》で卒業した。皇室史上初の皇太子のご外遊とあって国内のみか世界が注目していた。そこに沖縄県出身のエリート士官が颯爽《さっそう》と登場し国民を驚かせた。

お召艦「香取《かとり》」、供奉艦《ぐぶ》「鹿島《かしま》」で編成された第三艦隊は沖縄寄港後、スリランカ（当時は「セイロン」）等、アジア諸国に寄港しながらヨーロッパに向かったが、日本艦隊の勇姿に列強の植民地で呻吟《しんぎん》していた民衆は「有色人種でも日本のように努力すれば白人と対等になれる」というナショナリズムをも萌芽《ほうが》させていった。

✣時代に取り残される沖縄

幕末期の沖縄をめぐる情勢を見ておきたい。沖縄にもアジア分割を目指す列強の軍艦が続々と押し寄せて開国を求めていた。琉球の冊封国であった清国は、アヘン戦争の敗北を機に超大国英国の半植民地と化していた。

嘉永五（一八五二）年二月、清国廈門《アモイ》からカリフォルニアに向け出帆した英国の苦力《クーリー》運搬船（奴隷運搬船）の船内で中国人約四百十人が蜂起、船を占拠して石垣島に上陸した。英米連合海軍は報復として艦砲射撃を行い、陸戦隊を上陸させて彼らを殺害している。琉球の民衆も我が国が明治維新を果たしていなければ、このような悲劇を味わっていたことであろう。

ところで琉球士族はこのような実態を知らず、清国の介入を誘発することによって既得権の維持と琉球藩の存続を計った。明治十（一八七七）年十二月、琉球王は特使を明治政府に派遣する一方、在京の清国公使何如璋《かじょしょう》や英米蘭各国公使に対し、廃藩置県阻止を訴えた。また、王府は士族数人を北京に密航させて、清国の北洋通商大臣、李鴻章《りこうしょう》に琉球救援を依頼した。あろうことか軍事力の行使さえ要請していたのだ。

明治二十四（一八九一）年五月十九日、明治天皇は七月十九日までの約二カ月間、史上初めて侍従を沖縄本島、及び石垣・宮古島等の民情調査に差遣された。天皇の沖縄支援はこれをもって開始された。

一方、清国は海軍力を拡張して我が国を威圧してきた。

同年七月には北洋水師（北洋艦隊）の戦艦群六隻が品川に入港、この中には戦艦「定遠《ていえん》」「鎮《ちん》遠《えん》」の巨艦二隻があった。この二隻に対抗できる戦艦を我が国は当時保有しておらず、日本国民は動揺した。五年前には長崎に寄港した北洋水師の水兵が市民に暴行を働いたこともあった。

天皇は「海防警備の勅語」を発布され、お手許金三十万円（現在の二百億円見当）を艦艇建造費として下賜《かし》された。帝国議会でも薩長勢力から「海軍増強計画案」が提出されていたが、反薩長勢力によってことごとく否決された。そればかりか樺山資紀《かばやますけのり》海相の蛮勇《ばんゆう》演説（明治二十四〈一八九一〉年十二月に第二回帝国議会で行われた樺山資紀海軍大臣の演説。薩長藩閥政府の正当性と民党批判を力説し、民党側の強い反発を引き起こして衆議院を解散させる一因となった）もあって十二月二十六日に衆議院最初の解散が行われた。

明治二十四年は我が国にとって多事多難な年であった。前述の清国艦隊の品川入港に加え、五月十一日に来日中のロシア帝国皇太子ニコライ（後のニコライ二世）が、滋賀県滋賀郡大津町（現大津市）で警備中の警察官津田三蔵《つださんぞう》に突然斬りつけられ負傷している（大津事件）。しかし天皇は沖縄を思われ、同年以降、明治四十（一九〇七）年まで北条侍従の沖縄ご差遣は六回にわたった。北条侍従最初のご差遣の際は年齢四十六歳であった。

清国は日清戦争勃発《ぼっぱつ》までの間、海軍艦艇を九州、沖縄沿岸に遊弋《ゆうよく》させて我が国を威嚇した。

久米村人を中心とする親中勢力は「黄色い軍艦がやがて救援に来る」と吹聴し、また徒党を組んで神社仏閣に参拝し清国の勝利を祈った。

明治二十六（一八九三）年二月十日、天皇は事態を憂慮され、再度、皇室内廷費から六年間毎年三十万円を下賜、文武官僚も給与の一割を建艦費にあてるよう詔勅を出された。

翌年、我が国は清国に宣戦布告、清国軍内部は満洲族と漢民族の対立もあって士気が上がらず、翌二十八（一八九五）年四月十七日に降伏した。これに比べ日本軍は平民でも学力がかなえば海軍兵学校、陸軍士官学校に入学できるという清国と対照的な民主制があり、将兵の士気は極めて高かった。

我が国は清国敗北をもって、その冊封体制を東アジアから完全に除去したのである。沖縄のみならず朝鮮、台湾も清国の干渉は完全に排除された。

以降、明治政府の沖縄政策は本格化する。天皇は「一視同仁」の下、沖縄民衆の福祉向上に尽くされた。

政府は明治三十一（一八九八）年元旦、本土に二十五年遅れて徴兵制を施行した。すると県民の一部は徴兵を忌避《きひ》し清国へ逃亡。翌明治三十二（一八九九）年、『大阪朝日新聞』に「琉球人福州に寄食《きしょく》す」と非難する記事が掲載された。

沖縄にとって徴兵制度は、人材育成の効果があった。沖縄には連隊がなかったので九州小倉、久留米で訓練を行った。この結果、国民意識が醸成された。また優柔な気風で育った沖縄青年に軍事教練を施すことによって進取尚武《しんしゅしょうぶ》の気風が復活した。大正時代以降はこうして鍛錬《たんれん》された人材が地域社会のリーダーになっていった。

一方、学制は明治五（一八七二）年に公布されるが、沖縄は十四年遅れて施行された。本土の就学率は男女いずれも九〇％を超えていたが、沖縄は男子のみ明治四十（一九〇七）年にようやく本土並みに達したものの、女子は男尊女卑の県民性から低迷し、二〇％台に留まった。明治天皇のご功績は枚挙にいとまがないが、最も偉大なものは義務教育の確立にある。

英国の経済学者コーリン・クラークは、我が国が第二次大戦後の灰燼《かいじん》から驚異的な復興を果たした原因を、「明治天皇による義務教育の確立にあった」と結論している。同様に中国の元最高実力者鄧小平も生前、「中国の近代化も日本に見習うべきだ」と発言し、明治政府による教育投資と科学技術習得への国家努力を称賛した。それほどまでに評価される我が国の義務教育制度を沖縄メディアや教育界は、「皇民化教育だった」と一面的な批判ばかり繰り返している始末だ。

❖沖縄県民の〝慈父〟として

明治十二（一八七九）年、佐賀県から移住し、後に那覇区長（市長）、島尻郡長（本島南部全域を統括する長）を歴任した齋藤用之助《ようのすけ》は、当時をこう描写している。

「我が沖縄県の地、南海のへき地に属して交通の便利欠くを以て中古以来交通遅々として進

まず（文明）開化の度大いに遅れて風俗習慣等一種異様の観を呈せり」（『琉球新報』明治三十四〈一九〇一〉年六月十九日）

世相はどうであったか。

「人心の帰趨向背《きすうこうはい》未だ定まらず、思想界の混沌錯綜《こんとんさくそう》せる、ほとんど名状《めいじょう》すべからず、事大《じだい》党（親中党）あり、親日党あり、独立党あり、断髪《だんぱつ》党あり、結髪党あり、半信半疑の日和見党あり、開化頑固賛成不賛成の声は到るところに喧《かまびす》しい」（秦《はた》蔵吉『南島夜話』）

政府は廃藩置県の翌年、県下に師範学校、小・中学校を開設したが、民衆は「学問は士族のたしなみ」として関心を示さなかった。そこで政府は各間《ま》切《ぎ》り長（今の市町村長）に補助金を交付して域内児童の就学を促した。

第二代県令（県知事）として着任した上杉茂憲伯爵（元米沢藩第十三代藩主）は当時をこう記録している（「沖縄巡回日誌」より引用）。

「農民は一切文字を読書きできず、自分の名前すら書けない。従って自ら視野を広めることは不可能である。家屋は小丸太を柱にして茅《かや》ぶきで風雨を防ぐのに苦しみ、冬夏も一枚の粗悪な芭蕉布《ばしょうふ》を着て、食事はイモとソテツだけである。居るに席なく食事の食器もなく、鶏豚牛羊は家中に雑居して、人と畜類と少しの区別もなく、蚊蛇に刺されっぱなしだ。人々は生きている間、ただひたすら男は畑を耕し、女は布を織るだけである」

「ああ、どうしてこの沖縄県民だけ、このような不幸を背負うのか、廃藩置県の盛挙こそ千載《せんざい》一遇《いちぐう》の好機だ、これまでの汚染を洗浄し明治維新の恩沢《おんたく》（皇沢）を彼らに与え、以て彼らの苦しみを解消すべきだ」（現代語訳実施）

上杉は離島を含め沖縄全域全三十五間切りの視察を行った。各間切りには王国時代以来の役人が過剰に存在しており、県から俸給を支給されていたにもかかわらず、人民から賄賂をとるという実状にあった。また上杉は県内で奴隷としての人身売買が横行していることを発見し直ちに禁止している。

上杉は上京し、関係各省大臣等に、重税による農民の苦境の実態、間切り役人の腐敗横暴と整理の必要性、医療機関の充実、教育産業の振興を二度にわたって訴えた。ところが上杉は、県令就任後わずか一年八カ月で更迭《こうてつ》され、元老院議官へ転任を命じられた。上杉はそもそも東北佐幕藩の出であり政府の覚えは決して良くなかったのだ。

一方、政府は当時、沖縄政策に関し清国の介入を恐れ、旧支配層を懐柔するため旧慣温存政策を実施していた。明治十五（一八八二）年（廃藩置県の三年後）、第一回県費留学生として慶應義塾に学んだ大田朝敷《おおたちょうふ》は著書『沖縄県政五十年』において「（士族は）生活上では寧《むし》ろ藩政時代（王国時代）より却って優遇されていた」と述べている。

沖縄の医療環境はシャーマニズム的色彩が強く、住民はさまざまな感染症に対処する術《すべ》がなかった。しかも上杉日誌にも述べられていたように環境衛生も悪く、ひとたび感染症が発生すると地域社会全体に瞬《また》く間に拡散していった。

明治十一（一八七八）年、県内にはコレラが蔓延《まんえん》し、罹患《りかん》者は一万二千人に達した（当時人口の三％）。そこで政府は急遽、内務省出張所内にあった医局（同年開設）を拡張し、沖縄県医院（後の県立病院）を開設した。これが沖縄における西洋式医学治療の嚆矢《こうし》である。

明治十二（一八七九）年、窮状を聞かれた天皇は、皇室内廷金から衛生費として金二千円（現在一億四千万円見当）を県に下賜、続いて翌十三年には千円を下賜された。政府はそこで明治十八（一八八五）年、医師養成機関として「沖縄医学講習所」を開設した。なお同校は大正元年に閉校されたが、その間、百七十二名の医師を養成している。戦前、呉海軍病院院長を歴任した上与那原朝珍《うえよなばるちようちん》軍医少将も同校の出身者であった。

❖県民に慕われた北条侍従！

明治二十六（一八九三）年、宮古島島民が上京し帝国議会に人頭税廃止を訴えた。帝国議会は翌二十七（一八九四）年に請願を受諾する。ところが旧琉球王族とその手下が廃止に反対し、また在京の県出身遊学生集団が「復藩運動」（今風の独立運動）を展開したため、政府もなかなか廃止に踏み切れなかった。

これを聞かれた天皇は北条侍従を明治三十四（一九〇一）年五月一日より七月九日までの間、離島視察に遣わされ現状調査をされた（ご差遣二回目）。そして明治三十六（一九〇三）年、勅令で人頭税を廃止された。

一方、前出の農奴的な課税システム「地割制《じわりせい》」は、明治三十二（一八九九）年三月、法律第五十九号「沖縄県土地整理法」が発布され廃止に向けた作業が開始された。その前年、臨時沖縄県土地整理事務局が開設されており、明治三十七（一九〇四）年一月一日より勅令をもって、沖縄県全土の土地、及び租税制度が全国同一制度となった。この作業のために国費八十八万円（現在の六百億円見当）が投入されたのである。

当時の沖縄県視学官であった秦蔵吉は「日清大戦役（日清戦争）を終わって、未だ間もあらず、戦後経営に国費多端の折柄、百万円近くの大金を此沖縄に投ずるの至難なる」と表現しており、「民衆をして一視同仁の皇澤に均《なら》はいせしめ、憲政の利福を享受せしむる所以の大本（基本）となった」（『南島夜話』）と称賛している。

一方、土地の私有制が開始された明治三十七年夏、大旱魃が沖縄を襲い、農民は餓死寸前に陥った。天皇は日露戦争の最中にありながらも、北条侍従を派遣し、食料、救恤金を下賜され民衆を労《ねぎら》った（ご差遣三回目）。

北条侍従が本島中部を視察した際、水源涵養林《かんようりん》として樟《くすのき》の植林を県に意見した。これが起点となって本島中部一帯に植林が実施されたのだ。琉球王府の暴政を記憶していた民衆は、皇室のご温情と日本国政府の施策に感泣した。

翌明治三十八（一九〇五）年三月、民衆の発意によって沖縄本島中部読谷《よみたん》間切り久得《くどく》集落（現在の嘉手納町）に、「後世に皇室のご遺徳を顕彰するため」として石碑「植樟之碑」が建立された。

侍従がいかに寛大な人柄であったかを知る記録が、明治四十（一九〇七）年二月発行の『琉球新報』に残されている。侍従は那覇より同月十二日から久米島へ渡り、三泊を費やして島民を見舞いながら台風災害調査を行っている。侍従はこのとき島尻郡長齋藤用之助を帯同していた（ご差遣六回目）。

久米島は前年五月から十一月にかけて計七回にわたる台風の襲来を受けていた。特に十一月は台風と津波が同時に襲来しており、島民の家屋、農作物、家畜がことごとく流出し、防風林として残った樹木は塩害で立ち枯れの状態であった。結果、島民は飢餓状態に陥り、糊口《ここう》を凌《しの》ぐため子女を沖縄本島の遊廓に身売りさえしていたのである。侍従は島民へ天皇からの救恤金下賜の伝達をするとともに、徒歩にて（通常は籠を使用）被災者の各戸（仮小屋）を尋ね生活状態を視察し病気で横臥している病者を見て親切に宥《なだ》められ、その病名などを尋ねている。

明治三十九（一九〇六）年一月十七日、那覇区にある真教寺で日露戦争従軍戦死者、我謝陸軍少尉以下二百五名の慰霊祭が行われた。天妃小学校女生徒一同による『招魂の歌』「ここにまつる　君がみたま　蘭はくだけて　香に匂ひ　骨は朽ちされて　名を残す　机代物　うけよ君」の歌声がこだまする中、荘重な式典が催された。

北条侍従はこの式典に天皇の名代として臨席された（ご差遣五回目）。天皇のお言葉を伝え遺族を労っている。侍従の胸を打ったのは、我謝少尉未亡人つる子と遺児季之の光景だった。季之は未だ幼く、母に抱かれながら父親の戦死を実感できず甘えていたのである。本件は北条侍従の帰朝後、天皇に伝えられた。

天皇はこうして北条侍従を一貫して沖縄に派遣された。結果、北条侍従は沖縄事情に精通し、また県民に親しまれた。

侍従は学校視察の際、校長等の転出を聞くと、その転出先や近況を関係者に詳しく質問していたという。また揮毫《きごう》を頼まれると快く応じた。雅号は「恪堂」で、戦前、沖縄各地にこの揮毫がされた幅物や額が多く見られた。

余談になるが、北条侍従は息子二人と孫一人を海軍兵学校に進め、海軍士官として活躍させている。

明治三十四（一九〇一）年、二回目の沖縄ご差遣時、北条侍従は県下各地の教育情況も視察した。この間六月十七日には皇太子（後の大正天皇）ご成婚奉祝記念として県民のカンパで造成された奥武山《おうのやま》記念公園（現在の奥武山野球場）の開所式に天皇名代として出席された。それのみか、祝い金として金十円（現在の二十万円見当）を私的に寄付している。

以下は同年六月十八日、北条侍従が首里小学校高等科を訪問された際、生徒総代・伊集盛左が朗読した礼詞である。

「謹みて子爵北条侍従閣下に曰す、閣下過日至尊陛下の仰せを畏み本県学事の情況を視察せん為来られしと、夫れ本県の地たる本邦西南の一隅に散在せる群島にして気候風土大に他府県と同じからず道路の険悪交通の不便実に言語に絶えん。閣下よく本県下を跋渉《ばっしょう》して親しく教育を視察せらるるの辛労察するに余りあり而して今や本校に来駕せらる、生徒等感極まりて之に対するの辞を知らず生徒等常より至尊陛下の深く我一臣民の教育に〜給へるを聞く。而して今親しく閣下に接し益々聖旨の〜なるに感泣し閣下の健在になしまさんことを一言以て礼詞を陳《の》ぶ」(『琉球新報』明治三十四年六月二十一日　※註「〜」は判読不能)

侍従の頻繁なご差遣を通じて県民の公民意識もこうして高揚してきた。

明治三十八(一九〇五)年五月二十四日、日本海海戦の三日前、ロシア・バルチック艦隊が宮古島西方近海を北上した。これを発見した沖縄民船一隻の乗員が宮古島に緊急入港し宮古島島司(現在の沖縄県宮古支庁長)に通報。島司は連合艦隊司令部に通報しようとしたが、宮古島には通信設備がなかった。

島司は百四十キロ南方にある石垣島測候所へ伝令を送るべく青壮年有志を募ったところ、我先にと多くの者が志願してきた。彼らは「今こそ皇室のご恩に報いるときが来た」と思ったことであろう。

島司はこの中から五人を選抜し、長を垣花善(当時三十歳)に指名した。GPSもない時代、闇夜の航海で星を頼りに針路を決することは至難の技であった。

彼らは二十六日午前五時、クリ船を漕いで南下を開始、不眠不休で漕ぎ続けること二十九時間、二十七日午前九時、石垣島測候所にようやく到着したのである。「敵艦見ゆ」の報は同測候所から県を通じて直ちに連合艦隊司令長官に達せられた。しかし、無念にも哨戒艦「信濃丸」からの敵発見通報がこれより約一時間早かった。

言うまでもなく明治三十八（一九〇五）年五月二十七日に起きた日本海海戦と、その大勝利は日露戦争の帰趨《きすう》を決したのである。

それから二十二年後の昭和二（一九二七）年、この美談は「遅かりし一時間」と銘打って中学国語教科書に掲載され、間もなく貞明皇太后の御耳に達した。皇太后は痛く感激され早速、ご下賜金と記念品を県知事を通して五勇士（一人は遺児）に贈られ功績を称えられたのだ。

帝国海軍もクリ船を買い上げ、昭和十（一九三五）年三月以降、東京の海軍記念館に展示して海軍軍人の模範とした。また毎年、五月二十七日の海軍記念日には銀座「三越」デパート前に陳列したのである。

❖沖縄の私企業に助成金を賜る

沖縄県は古くから豚肉を食べる習慣があって、小農家でも豚を一～二頭飼育していた。沖縄では盆や正月（いずれも旧暦）には豚肉を食べる習慣があった。県外には、「沖縄人は豚を食う」と揶揄《やゆ》する者もいたが、亜熱帯における大切なタンパク源でもあった。明治以降、その豚肉を缶詰にして東京市場で販売が試みられ好評を博することになる。

明治三十九（一九〇六）年九月十二日、『読売新聞』に日本橋鈴木洋酒店（現在の伊藤忠商事食品部）が次の広告を掲載している。

・琉球特産缶詰　沖縄貯蔵食品製造株式会社
・ボイルドポーク（一ポンド入り）
・ラフタイポーク（一ポンド入り）
・琉球煮ポーク（六十目四十目）
・ボイルド・チキン（一ポンド入り）
本品ハ滋養分豊富且ツ美味ナルヲ以テ
内外上流社会ノ称賛ヲ博セリ
発売元　東京日本橋本町三丁目
合資会社鈴木洋酒店

中華民国の小説家魯迅《ろじん》は、明治四十一（一九〇八）年頃、日暮里で同社の豚肉缶詰「琉球煮」を食べて絶賛したという記述が残されている。魯迅は、「大体中国と同じようなもので、砂糖を入れぬ点は、或いは紹興に似ているかも知れない」と表現している。紹興とは魯迅の出身地である（周遐壽『魯迅在東京』七　青木堂／『魯迅研究資料　魯迅的故家』上海出版公司／昭和二十七

〈一九五二〉年）。

同社の設立に際し、天皇は県を通じて助成金を下賜されている。『琉球新報』（明治三十四〈一九〇一〉年六月三日）には以下の記事がある。

「沖縄貯蔵食品製造株式会社趣意書及ひ定款、設計予算書等も既に出来上かり目下株金募集中の由なるか資本金十万円にして一株の金額五十円なるか其の内千七百余株（此の金額凡そ八万円位）既に申込済みと相成り目下募集中のもの僅々二万円位の小額なりとの事なるか東京の重もなる株主は島津両家（百五十株）大倉《おおくら》喜《き》八郎《はちろう》（百株）八尾《やお》新助《しんすけ》（百株）の諸氏に志て尚ほ洩れ承る処に拠れハ此程天皇陛下より同会社へ向け金五百円御下賜相成りたる由なるか右の如く一私立会社へ恩賜金を下賜せられし事は古今例めし稀なる事柄なりとの事あれは同会社に於ても設立の上は尚一層奮励して　陛下の平素実業を奨励せらる、大御心を奉体志て同会社の本分なるのみならす亦臣民として一大義務なりと思惟す因みに記す愈々同会社創立の際には既に本県へ渡来したる森田豚博士（森田龍之助）も来県して同会社の為めに彼此尽力するとの事なるか尚又聞く所に拠れは他府県に於て右の如き会社を設立する尓《に》は豚の頭数を集むるに多少困難を生する次第なるも本県古来より養豚の盛なる土地柄にして一個に就き少なくとも一頭以上を飼養し居る有様なれば夫れ等の便宜上より云ふも将来好望の事業なりと云ふ」

戦前沖縄唯一の食品製造会社であった同社の概要は、

一　本店　沖縄県首里区字当敷四番地
一　目的　貯蔵食品ノ製造及ヒ販売
一　設立ノ年月日　明治三四年一一月三〇日
一　資本ノ総額　金十万円
一　一株ノ金額　金五十円
一　取締役ノ氏名住所
沖縄県首里区字桃原八十二番地　尚順（男爵・最後の国王の四男）
沖縄県首里区字山川八十五番地　高嶺朝教（上杉県令奨学金による最初の東京遊学生、沖縄財界の草分け、沖縄銀行創設）
東京市麴町区四番町九番地　森田龍之助（ポーク製造業の権威）

主要株主に島津両家、大倉喜八郎、八尾新助を得たことは沖縄史上初めてのことであった。ただ国民はいまだ豚肉料理への馴染みが薄く帝国海軍への納入が主だったという。

✣皇室の温情に甘えを警戒

島尻郡長の齋藤用之助は、明治三十六（一九〇三）年の大旱魃に際して、島尻郡（本島南部地区）に支給された救援金一千八百円（一億二千万円見当）をそのまま分配すると、農民たちが怠惰に流れると危惧して、公共事業を起こし、その救恤金で生産インフラ構築と雇用創出を検討した。

そこで、漁業・糖業振興を目的として、糸満《いとまん》間切り（現糸満市）大度海岸の珊瑚礁を開削し、港口（水路）を設ける工事に着手した。干潮時にしか作業ができなかったため、工事には二年七カ月を要し、明治四十（一九〇七）年に、幅五・四メートル、深さ二・一メートル、長さ二百十六メートルの港口を完成させたのだ。

これにより干潮時にも船の出入港が可能になり、サトウキビの搬出や漁業の振興に利用され地域に利益をもたらした。齋藤用之助はまた明治三十七（一九〇四）年二月、硫黄鳥島の火山が噴火した際、島民六百余名（約百戸）全員を説得して久米島に無事に避難移住をさせている。

齋藤用之助はその後出身地の佐賀に戻り晩年を迎えるが、齋藤の功績とリーダーシップは今でも県民に口承されている。そして、齋藤用之助子孫と県民の交流も活発に行われている。

2 破壊される天皇の橋

沖縄における戦前世代の誇りの象徴であった県庁前の「御成橋《おなりばし》」の名称が、今や消去されようとしている。構造自体も中国様式に改築しようという動きすらある。

この橋は、大正十（一九二一）年三月五日、皇太子（後の昭和天皇）が欧州にご外遊される途次、艦長が沖縄出身という事由から沖縄に特別に寄港された。その際、皇太子が県庁を訪問された際、初代のこの橋を通られたことから命名されたのである。

現在のそれは三代目にあたり、平成八（一九九六）年に竣工された。戦後二十七年間、沖縄を統治した米国でさえ干渉しなかった歴史的名称の橋である。

戦前、県民の皇室への思いは深いものがあった。明治三十三（一九〇〇）年五月、皇太子（後の大正天皇）ご成婚の報道がなされると、県民は喜び、この慶事を歴史に残そうと奥武山記念公園建設のプランが県民から起こった。建築費として三千円（約二億円）の募金だったが、たちまち予算を超える資金が始まった。明治三十四（一九〇一）年六月十七日には県民数万人が集まって開所式典が挙行された。

ところで現在、中国の臣下を示すモニュメントは次々と建設されている。

平成二十七（二〇一五）年十一月二十九日、那覇クルーズターミナル、及び空港へアクセスする海中トンネル入口から那覇市中心街に進入する若狭通り交差点入口に、那覇市は約三億三千万円をかけて中国臣下を象徴する一対の龍柱《りゅうちゅう》を竣工した。一柱の高さは十九メートル、重量百トンと堂々としたものである。竣工祝賀行事は平成二十八（二〇一六）年一月二十四日に厳重な警備の下に行われた。もちろん、受注先は中国企業である。

一方、平成二十六（二〇一四）年に中国帰化人子孫（久米村人）によって孔子廟《こうしびょう》が那覇市久米に竣工された。

那覇市は宗教施設にもかかわらず市所有地を無償で提供したばかりか、用地取得と造成に約十三億円の公費を投入しているのだ。このプロジェクトを推進した当時の那覇市長が現沖縄県知事を務める翁長氏である。

さらにこの孔子廟に隣接するのが福州園《ふくしゅうえん》だ。那覇市の市制七十周年、及び福州市との友好都市締結十周年の記念事業として建設され、平成四（一九九二）年九月に開園した中国式庭園である。設計から施工まで福州市の職人により、福州市の資材を使用して建設された。

このプロジェクトを発案した市長は、第二十三代那覇市長の故平良良松《たいらりょうしょう》である。平良の先祖も久米村人であった。

これらは全て沖縄に交付される国民の血税であるのだ。那覇クルーズターミナルから沖縄県庁までのルートに、いわゆるチャイナ・ストリート建築構想が密かに進められている。フェリーを下船し徒歩で那覇市街に向かう中国観光客は、口々に「ここはもともと自分たちの領土」と発言しているという。確かに龍柱竣工と同時に、中国人観光客の態度も尊大になっている。沖縄県としては、将来、このストリートの一角に中国領事館を建設する予定だという。

✣沖縄左翼に譲歩を重ねてきた戦後

沖縄県が日本に復帰して四十五年が過ぎた。この間、我が国政府は県民への歴史教育をなおざりにしてきた。加えて沖縄振興予算などの高率補助を交付し続けながら譲歩（ご機嫌取り）を繰り返している。

その代表例が「沖縄戦の『集団自決』をめぐる高校日本史の教科書検定問題」である。これは平成十九（二〇〇七）年十二月二十六日に公表された再検定審（再教科書検定審議会）である。結果、沖縄には反日被抑圧史観が定着し、さらに中国、韓国などの第三国勢力による離日工作が深く浸透している。

この事案は沖縄戦における住民自決は日本軍による強制があったと戦後、喧伝されていたが、平成十七（二〇〇五）年、座間味島守備隊長の梅沢裕元少佐と、渡嘉敷島守備隊長の故赤松嘉次元大尉遺族が「虚偽である」と提訴したため、平成十九年三月に教科書検定審査会が「強制を証明する証拠資料がない」として教科書から削除しようとしたものである。県（当時仲井眞弘多知事）と、左翼勢力は「歴史の改竄！」と、同年九月二十九日、県民総決起大会を開催するなど抵抗したため、同年十二月二十六日の再検定審で「強制ではなく関与があった」と表現の変更だけで決着した。決起大会は一万八千百七十九人しか集まっていなかったが、主催者及びメディアが「十二万人が集まった」と強調したため、日本政府は狼狽《ろうばい》した。

ところで平成二十七（二〇一五）年十月二十九日、これまで頻繁に沖縄を訪れている中国国際友好連絡会と競うかのように中日企業連誼会一行（同国外交部所管）が来県した。権順基会長は、翁長知事を表敬し、中国が国家戦略の一環として推進するシルクロード構想（一帯一路《いったいいちろ》構想）に言及し、「沖縄は重要な役割を果たせる窓口になる」と強調した。

なお、同会は平成二十七年四月、翁長知事が李克強《りこくきょう》首相面談のため訪中した際も接触している。中国側の沖縄に対する厚遇ぶりに日本政府は衝撃を受けた。当時、谷垣禎一《たにがきさだかず》自民党幹事長も李氏への面会を希望したが、叶わなかったからである。

県は那覇市チャイナタウン建設構想を、次のように立案しているようだ。

・第一ステージ――「親中モニュメントの建設」
・第二ステージ――戦前沖縄と皇室の関係を示す史跡名称の破壊消去
・第三ステージ――いよいよクリミア式の「沖縄独立に関する住民投票」実施

「クリミア式」と表現したのは、ロシアによって投票用紙に工作が行われ、ウクライナからの分離独立が実現したからである。現在はまさに第二ステージに達しているものと分析される。今後懸念されることは天皇の橋「御成橋」の破壊である。

一対の龍柱を通って若狭中通りに進入し、約四百メートル歩行すると久茂地交差点に達する。この直前の右側区域が久米地区で、今でも中国人子孫の多くが居住している。交差点を越えて直進し、県庁手前約二百五十メートルまで進むと、久茂地川に架かる御成橋がある。

橋長二十二・四メートル、幅員三十一・二メートル（六車線）で、両側に六・二五メートルの歩道が設置されている。中国モードで進んできた光景が、一挙に日本モードに復帰するポイントでもある。県庁は大正九（一九二〇）年に現在位置に建設された。同時に初代「御成橋」が命名された。

✣皇太子沖縄寄港の歓喜

では、この橋はどういう経緯で命名されたのであろうか？

大正十（一九二一）年、革新的なことが起こる。

同年二月十五日、皇太子（後の昭和天皇）の欧州ご外遊が正式決定された。皇室史上初の試みで帝国海軍はお召艦「香取」、供奉艦「鹿島」で第三艦隊を編制した（いずれも一万六千トン）。

当時、我が国は世界五大列強の一つとして名実ともに国際社会に重きをなしており、国家隆盛の絶頂期にあった。貞明《ていめい》皇后をはじめ宮内省関係者は皇太子に国際的視野を涵養し、また艦内でテーブルマナー等の機会教育を行うことによって新たな時代へのリーダーを育成しようとしたのである。

しかし、大正天皇のご体調はすぐれず、ご外遊中の万一が懸念された。このため右翼壮士は猛烈に反対運動を展開した。

一方、国民の耳目は御召艦艦長に誰が指名されるかに集まった。当時薩摩閥（鹿児島県）が部内にいまだ残っており、大方は薩摩出身士官が就任するものと思われていた。加藤友三郎《かとうともさぶろう》海相（後総理）は二月十六日、ここに国民を驚かせる発表を行う。御召艦艦長に沖縄出身漢那憲和大佐（後少将）を指名したのだ。薩摩出身海軍士官たちは臍《ほぞ》を噛んだ。沖縄はかつて薩摩藩の属領であった。当初沖縄寄港の予定はなかったが貞明皇后のご配慮で沖縄寄港が急遽決定された。

大正十（一九二一）年三月六日午前九時十分、お召し艦は沖縄県中城湾津堅島灯台を右手に見て湾内に進入、両艦は与那原（本島南部）沖合五海里に一斉に投錨した。錨鎖が艦を離れる際に艦体とチェーンが摩擦して発生する「ガラ、ガラ」という音は湾内を超え、はるか中城（沖縄本島中部）の尾根にこだました。

沖縄史上初のお召艦の入港、艦長が沖縄出身とあって、県民はこの歴史的壮観を一目見ようと湾岸のみならず、中城の尾根にまで黒山の人だかりを形成していた。

艦隊は東の風に吹かれて沖縄本島に正対、艦首の菊の御紋は燦然《さんぜん》と照り輝いた。各所で「万歳！」の合唱が起こり、県民は興奮し、欣喜《きんき》していたのである。

午前十一時過ぎに、殿下は内火艇と伝馬船《てんません》を使用して本島南部の与那原桟橋にご上陸、鉄道をもって那覇駅へお成りになられ、同駅から人力車で「御成橋」をご通過、県庁に遊ばされ、お手植えをされた。

この光景を同行した沢田外務省書記官は「沿道の民衆は道路が狭いので御顔を咫尺《しせき》に拝することができた。中には手を合わせて拝む者もあった。厳めしい警戒も目立った歓迎の装飾もなかったけれど恭順な県民は喜悦の色を輝かして静粛にお出迎え申し上げた」と記録している。

那覇市内ご通行の際、先導車（人力車）は知事、漢那、そして殿下のお車の順であった。お服装は殿下が海軍第一種軍装（冬服、階級章は少佐）、漢那艦長は同じ軍装（同大佐）であった。「県民らの群がり集まって渚を築きつつ迎え奉る者数万、殿下御一行の御車は、その中を縫うように走った」と溝口白洋は『東宮御渡欧記』に記している。

筆者の中学の恩師はこの時代、女学校生徒として沿道に列し、皇太子を奉迎した。彼女は当時の光景を、「県民として生涯最高の栄誉を感じた」と何度も語っていたのである。

第四章　米軍の対日不満は限界

1 米国からの警告

翁長知事は、那覇市議会議員（二期）、沖縄県議会議員（二期）、那覇市長（四期）などを経て平成二十六（二〇一四）年十二月十日に知事に就任した。長く自由民主党に所属し、県議時代は自民党沖縄県連幹事長をも務め、普天間基地の県内移設計画を推進してきたが、同年十一月の知事選出馬の頃から移設阻止を明確に主張するようになった。その際、沖縄から米軍基地全面撤去を主張する日本共産党からも支持を受けた。

共産党委員長の志位和夫氏は、「この戦いの先頭に立つオナガさんが知事になれば、日米両政府に巨大な衝撃を与え、新しい歴史の扉を開きます。オナガさんを知事に押し上げ、沖縄の新しい歴史をつくろう」と激励した（『しんぶん赤旗』日曜版　平成二十六年十月二十六日　七面）。

翁長知事も「志位委員長から激励をいただき、本当にこれまでの政治活動が間違っていなかったと感じています。一緒に行動して本当に違和感がない。なぜもっと前から一緒にならなかったのかと話すくらいです」と応えた（『しんぶん赤旗』日曜版　平成二十六年十月二十六日　六面）。

翁長知事は、元那覇副市長の城間幹子氏（現那覇市長）とともに志位氏と手をつないだ写真が掲載されたこともある（『しんぶん赤旗』日曜版　平成二十六年十月二十六日）。この際の写真は志位氏の公式Twitterにも掲載されている。

平成二十九（二〇一七）年一月、城間那覇市長は久米村人子孫二十三人を帯同して福建省福州市を訪問、尤猛軍《ゆうもうぐん》市長から栄誉市民の称号を授与されている。

ところで、平成二十八（二〇一六）年七月、米国議会の中国に関する政策諮問機関「米中経済安保調査委員会」は、日本政府に対し、重大な警告を発している。

①中国は沖縄に、米軍の軍事情報を集める中国軍の諜報工作員と、日本の米軍基地反対運動を煽るための政治工作員を送り込み、日本と米国を離反させようとしている。

②中国は沖縄の親中勢力を煽って沖縄の独立運動も支援している。

③沖縄にいる中国の諜報工作員たちは、米軍基地を常にひそかに監視して、米軍の軍事活動を詳細にモニターしている。また、米軍と自衛隊の協力体制も調べている。さらに中国の政治工作員は、沖縄住民の米軍基地に対する不満や怒りを扇動しようとしている。

④中国の官営報道機関は、「琉球で二〇〇六年に行われた住民投票で、住民の七五％が日本からの独立を望むという結果が出た」と報道した。だが、実際にはそのような住民投票は実施されておらず、沖縄住民のほとんどが日本に留まることを欲している。

このような活動の目的は、日米同盟にくさびを打ち込み日米の離反を図って、米軍の沖縄などでの軍事能力を骨抜きにすることだと分析している。

特に、中国の領土拡張の狙いは尖閣諸島だけでなく沖縄本島などにも及んでいる。米中経済安保調査委員会は、米中経済関係が米国の安全保障にどんな影響を与えているかを継続的に調査し、米国の政府や議会に対中政策の形成に関して勧告を行っている。

報告書には、「日本と韓国の対立も煽る」と明記されている。現在、韓国籍の活動家が沖縄の米軍基地反対運動に参加しており、好戦的な態度で警察官に暴行などの行為をしている。沖縄への渡航費用、活動費などは中国から出資されているという分析もある。

さらに同報告書によると、中国は、アジアにおける米国の戦略的地位、行動や作戦の自由度を抑え込むため、米国と、日本などの同盟国とを離反させ、さらにアジア太平洋地域での米国主導の安全保障態勢を弱めさせ、軍事衝突が起きた際の米軍の能力を阻害することを目指している、と強調している。

さらに続けると、中国軍幹部たちは、米国が中国を封じ込めるために広域に戦力を展開していると分析している。

つまり、北方地域では日本と韓国、南方地域ではオーストラリアとフィリピンを拠点とする軍事基地システムを築いている。そしてグアム島をその中核とし、中国の深部まで長距離の戦略兵器で攻撃ができるようにしている、と見ている。

中国軍はその中でも、特に沖縄駐留の米軍が有する〝遠隔地への兵力投入能力〟に脅威を抱き、多角的な方法でその弱体化を図っている。

たとえばその一つの方法として、中国の政府機関が沖縄の米軍基地の近くに不動産を購入し、沖縄の反米闘争の支援に利用している。

公然と介入を始めている中国

第一章でも触れたが、平成二十七（二〇一五）年九月二十一日、翁長知事はスイス・ジュネーブにおける国連人権委員会で演説し、沖縄県民を先住民であるかのような印象を演出した。そして「沖縄では自己決定権がないがしろにされている」と訴えた。

一方、左翼はこの自己決定権を民族自決権に拡大して、沖縄独立、米軍基地全面撤去を画策している。あろうことか、そこに中国が公然と介入を始めているのだ。

平成二十八（二〇一六）年五月十五・十六日の両日、北京で「第二回琉球・沖縄最先端問題国際学術会議」が開催された。沖縄地元二紙の記者、『琉球新報』東京報道部長の新垣毅氏、『沖縄タイムス』学芸部記者の吉田伸氏をはじめ、日頃、沖縄独立を主張する県出身大学教授らが出席した。

琉新の新垣氏は異常なほど反米言動を行う人物で、東日本大震災で国民に感謝された「トモダチ作戦」を米軍の宣撫《せんぶ》工作と発言したこともある。

それから二十四日後、期せずして中国は軍艦を日本の接続水域に航行させた。さらに大漁船団を運用して尖閣諸島、我が国領海へ侵入させるのである。

平成二十八（二〇一六）年六月九日未明、沖縄県石垣市尖閣諸島の接続水域に、中国海軍フリゲート艦「江凱《ジャンカイ》I級」（四千トン）が哨戒監視中の海自護衛艦「せとぎり」（三千五百五十トン）の警告を無視して、沖縄県石垣市尖閣諸島の北方から南下する形で接続水域を航行した。

海自の分析では、「江凱」の針路と速力から、我が国領海へ侵入する恐れがあったという。万一、「江凱」が領海に侵入していれば我が国政府は防衛出動の下令を迫られ、最悪の場合、日中両海軍艦艇の交戦に拡大したであろう。

本来なら沖縄県知事が抗議声明を発表し、県民は超党派で糾弾集会を開催すべきであるが、沖縄は現在、親中反日反米の渦中にある。このような情勢こそが中国海軍艦艇の侵入を誘発する一因をなしたと言っても過言ではない。

また、中国政府は平成二十七（二〇一五）年十二月二十二日から海軍艦艇を改造して、公船「海警三一二四一」（二千三百トン）を尖閣方面に投入している。これには百ミリ機関砲らしきものを搭載しているのだ。

ちなみに我が国の海上保安庁に該当する中国海警局は保有船舶の拡張に努めており、我が国はその数やサイズ（総トン数）において圧倒されつつある。

平成二十五（二〇一三）年までは中国四十隻に対し、我が国五十一隻と優位にあったが、平成二十六（二〇一四）年には、中国八十二隻に対し我が国五十四隻と逆転された。平成二十七年になるとその差は拡大し、中国百十一隻に対し我が国六十二隻となり、その差はさらに拡大しつつある。

❖米軍司令官の日本不信

一方、東シナ海における米中の対立は激化している。平成二十八年六月七日、東シナ海上空飛行中の米軍偵察機（沖縄嘉手納基地より発進可能性大）に、中国空軍戦闘機が異常接近し進路を妨害しているのだ。

ところで中国海軍艦艇が我が国の接続水域を航行した六月九日、地元二紙や左翼は六月九日に沖縄女性殺人強姦致死容疑で再逮捕された米軍軍属ケネフ・シンザトに関する報道に終始していた。

事件の政治利用がはなはだしく、また犯人が元海兵隊兵士であったことから、その矛先は在沖米海兵隊、さらには全米軍に向けられていた。

一方、在沖米軍軍人とその家族は左翼による執拗な嫌がらせを受けており、その不満のマグマが蓄積している。ところが今、県内で公人がこのような風潮に慎重意見を述べると、地元二紙に実名が公表され、たちまち左翼の集中砲火を浴びるのだ。

ところで中国の海洋進出に伴い、沖縄の地政学的価値は一層重要になってきた。とりわけ沖縄に駐留する米海兵隊（第三海兵遠征軍）、米空軍（第五空軍）の存在意義は大きい。特に海兵隊は新型垂直離発着機オスプレイの運用と相まって、島嶼《とうしょ》着上陸戦や近接戦で中国人民解放軍のそれを圧倒している。

普天間基地に展開するオスプレイは強襲揚陸艦に搭載され、東シナ海方面をパトロールしている。

一方、政府も及び腰である。あたかも普天間基地の自然消滅を図るかのように、平成二十五（二〇一三）年十一月の沖縄県知事選挙で、菅義偉官房長官が仲井眞弘多県知事（当時）の続投を願うあまり、「（知事再選後）五年以内に普天間基地を閉鎖する」と宣言した。またオスプレイの佐賀空港への移転を工作した。

このような、事前協議もなくポピュリズムに奔《はし》る日本政府に対し、米国政府は激怒した。「沖縄を放棄するつもりか！」とまで抗議しているのだ。そもそも普天間基地は、国連軍の指定基地である。

国民はその重要度を認識していないが、昭和二十五（一九五〇）年六月二十五日、北朝鮮の奇襲で始まった朝鮮戦争はいまだ終戦を迎えていない。北朝鮮と韓国は、現在は休戦状態にあるだけだ。国内に七カ所ある国連軍の指定基地は、朝鮮有事の際、我が国政府と事前協議なく半島に出撃できるし、核兵器の搬入もできる。

ちなみに現在、沖縄県内の国連指定基地は普天間基地、嘉手納米空軍基地、ホワイトビーチ（米海軍所管）の三カ所である。

2 逆走する沖縄県

平成二十八（二〇一六）年六月九日、中国軍艦による接続水域航行がなされた時、都内ではNSC（国家安全保障会議）が緊急開催され、民進党の元委員長岡田克也氏、共産党志位和夫両委員長が中国海軍の行動を憂慮する声明を発している。ところが翁長知事は一切コメントしないばかりか全国紙からのインタビューにも応じていない。

九日、『産経新聞』が「号外」を、『読売』『日経』両紙が夕刊一面トップで本件を報道した。翌十日にはこの三紙は社説で、異口同音に緊張を高める中国政府を批判している。ところが沖縄地元紙は異なっていた。

沖縄女性死体遺棄容疑で軍属が逮捕された五月十九日、両紙は競って「号外」を発刊したが今回は一切行っていない。

そして十日の日刊でようやく報道したのである。しかも前記三全国紙に比べ、トップニュースの扱いではなかった。

『琉球新報』『沖縄タイムス』は再逮捕された容疑者関連報道に終始しており、紙面は日々、「在沖米海兵隊撤退」「日米地位協定改定」のフレーズが使用されていた。両紙は県内シェアあわせて八七％を誇っており、沖縄で本土紙トップを占める『日本経済新聞』でさえ〇・八％であることから、その影響力は無視できない。

十日当日の日刊紙を紹介すると、『琉球新報』は一面のほとんどを「米軍属再逮捕」と黒地白抜きの太文字で報道し、「尖閣接続水域に中国軍艦」の報道は五分の一程度のスペース、その他三ページと三一ページに関連記事が掲載された。

『沖縄タイムス』も琉新同様の比率で、「元米兵再逮捕」と白抜き太文字で報道している（六、二十九面に関連記事）。

そして十一日になって両紙とも全国紙の後追いをするかのように、ようやく社説を掲載した。なんと『琉球新報』に至っては、「話し合いでの解決提案」という主題で、「日米両政府が在沖米軍基地強化の口実にする恐れがある」と強調している。

二紙の報道姿勢に疑念を持たざるを得ない。両紙報道の底流には、「米海兵隊は尖閣防衛には無縁であり、犯罪者集団の海兵隊を沖縄から撤退させろ！」というような印象操作がなされている。

『琉球新報』九日版・三ページ「沖縄基地の虚実」（連載シリーズ一八）には、「（在沖米軍）アジア戦略にらみ駐留」「識者『尖閣防衛は敬遠』」と題して、「尖閣の安全に米軍がすぐ活動できる状態ではない」という一識者の談話を掲載している。これは翌十日『読売』朝刊「尖閣は安保適用の範囲」と対照的な内容であった。

『沖縄タイムス』は『琉球新報』と競うかのように、六月十二日より「検証・在沖海兵隊『抑止力の神話』」の連載を開始、シリーズ二（十三日）に至っては「全基地撤去選択肢に」が副題として掲載されている。

ところで、六月十日は都内では特異な動きがあった。沖縄県の議会議員団がこの日上京し、女性暴行殺害事件に抗議する決議と意見書を日米両国政府に提出しているのだ（五月二十六日、満場一致で可決）。

決議書はケネディ駐日大使宛、意見書は首相宛である。内容は、①在沖米海兵隊の撤退、②普天間基地の県内移設断念、③日米地位協定の改定、である。

この日、米国ワシントンでは国務省トナー副報道官が、中国海軍艦艇が尖閣諸島周辺の接続水域を航行したことに対して懸念を表明し、尖閣諸島は日米安全保障条約の適用対象地域であることを強調している。

偶然とはいえ、沖縄県議会議員団による一連の行動は利敵行為に見える。

3 在沖米軍軍人の不満も限界

米軍軍属による沖縄女性殺人・強姦致死事件は国民のみならず米軍軍人や、その家族にも衝撃を与えている。平成二十八（二〇一六）年五月二十九日、米軍軍人や軍属、家族総勢約百人が炎天下の国道に整列し、通行車両に何度も頭を垂れて謝罪と被害者への哀悼の意を表明していた。腕には「沖縄のために祈っています」「沖縄とともに悲しんでおります」と日本語で書かれたプラカードがあった（沖縄のメディアは一切報道せず）。

対照的に左翼は、被害者遺体発見後（五月十九日）、被害女性の家族や友人の要望は無視され、女性の写真や氏名が左翼集会で一方的に紹介された。さらに、この勢力は犯人が軍属として勤務していた嘉手納米空軍基地ゲート前に集結し、米軍車両の通行を妨害したのである。

私が衝撃を受けたのは、スクールバスや米軍家族（夫人）が運転し、幼子や少年少女を乗せた私有車両を抗議グループが包囲、運転者に中指を立てるなど卑猥《ひわい》で挑発的な動作を行った。中には窓越しに「死ね（Die Die）」と連呼する活動家もいた。ヘイト防止法も制定されていながら、左翼活動家にとって沖縄はまさに反米無罪、反日無罪の地であるのだ。

ここで私がインタビューした米海兵隊下士官複数の意見を紹介したい。

「我々は我慢の限界だ！」

「我々は米国人だ、国家から軍命を受けて日本を守るために生死をかける覚悟で沖縄に来ているのだ。あなた方日本人は我々の庇護の下にのうのうと生きている。あなた方（日本人）に、その意義と覚悟が理解できるのですか？」

「世界は広い、我々を歓迎してくれる国はたくさんあるのだ。我々の指揮官は、『（本心として）沖縄から一日も早く撤退したい』と言い始めている」

五月二十日、『ワシントン・ポスト』電子版で件《くだん》の殺人事件が報道された。読者からは意見として、「米軍基地を沖縄から全面撤退させろ」という書き込みがあったという。

万一、両者の意見が議会で採択されたとき、日米同盟は破綻し尖閣諸島をはじめ沖縄本島までもが中国の支配下に入るであろう。

余談になるが、平成二十七（二〇一五）年六月十一日、カーター米国防長官（当時）は、国防総省で中国軍制服トップ范長龍《はんちょうりゅう》中央軍事委員会副主席と会談した。その際、長官は中国が強行する岩礁埋め立てやサイバー攻撃について即時中止を要請している。

4 日米地位協定改定は必要ない

最近、「日米地位協定改定」が流行語のようになってきた。左翼勢力やメディアは、いかにもこれが米軍の治外法権であるかのように国民に喧伝している。

戦後七十二年、我が国は「軍隊」を持たず平和を享受してきた。その間、我が国法曹界には軍法や軍人の地位保全という視点が完全に欠落してきているのだ。日米地位協定の最大の争点は、米軍軍人軍属が公務中に犯す事件事故の第一次裁判権の問題である。これは派遣国軍隊が有するのが国際基準である。

陸上自衛隊がイラク復興支援のためサモアに派遣されたときも、イラク政府と我が国政府で地位協定が交わされたが、自衛官の第一次裁判権は日本側にあったのである。

無理もない、派遣国は軍命をもって自国の軍人（国民）を第三国の防衛（自衛隊は戦後復興）に派遣するから、その地位と権利は国家の責任で保全することは当然である。

仮に派遣国で戦闘が発生し、派遣将兵が誤って民間人を殺傷した場合、派遣国の軍人の地位は地位協定と軍法で保全されるのである。

この視点では尖閣を含む我が国領域で戦闘が発生した際（特にグレーゾーン域）、自衛隊指揮官の地位保全は極めて困難となろう。また、米軍軍人が事件を起こした際、軍法会議にかけられ一般刑法より重い刑が科せられるのが通例である。

現在、我が国では昭和三十五（一九六〇）年に制定された日米地位協定を柔軟運用されており、レイプ、殺人等、凶悪事件を犯した際は、当該県警による起訴前の身柄確保や第一次裁判権を日本側に委譲する方針となっている。

昭和三十（一九五五）年九月三日、在沖米海兵隊兵士が沖縄女児を誘拐殺害する事件を起こした（由美子ちゃん事件）が、米軍法会議はこの兵士に死刑を宣告したのである。

一方、昭和三十九（一九六四）年七月二十一日、沖縄青年が死体損壊を含む地元女児の誘拐殺人事件を起こした（枝実子ちゃん事件）。このとき世論は激高し死刑を求めたが、沖縄の司法当局は犯人に無期懲役を科している。

沖縄県警幹部は匿名を条件に、「日米地位協定は現行の運用で十分」と発言し、地位協定改定が犯罪抑止に直結するという意見には異論を唱えた。

トランプ新大統領は、「日本は、地位協定改定を主張する前に他の先進国並に自主防衛しろ！」と言うであろう。その時、我が国の政府は言葉を失うことであろう。

第五章　こうして親米感情は消滅させられた

1 改竄される戦後史

昭和二十六（一九五二）年九月八日、サンフランシスコ講和条約が調印された。我が国は独立を回復、沖縄は日本の潜在主権を残したまま米国の信託統治となった。信託統治となったのは、ジョン・フォスター・ダレス米国全権国務長官が日本政府の「沖縄統治権を米国が永久に握るのではないか」という危惧を払拭《ふっしょく》するため推進したものである。

この会議でスリランカのジャヤワルダナ大蔵大臣（後大統領）は、「対日賠償権」を放棄する演説をした後、「ソビエトは琉球沖縄を日本に還置せよと主張するが、ソビエトはまず南樺《から》太《ふと》、千島を返還せよ」と発言している。

昭和二十五（一九五〇）年、朝鮮戦争が勃発し、米軍が占領した旧日本軍の沖縄の航空基地からB29爆撃機と護衛戦闘機が次々と発進。沖縄の地政学的有用性はこうして遺憾なく発揮された。これを機に米国の対沖縄政策が転換する。米国は当初、沖縄を日本再軍備の警戒監視基地として運用すること、このための物資集積基地とすることとしていた。しかし、昭和二十四（一九四九）年九月二十三日、ソ連が原爆実験に成功、米国の原爆独占時代は終焉する。十月一日には中国大陸に中華人民共和国が設立された。この年、米国は沖縄を戦略基地として運用することを決定する。米大統領は七月一日に米国議会に沖縄米軍施設費七千万ドルを計上、翌年三月から本格的基地建設に乗り出した。

ここで米国を中心とする西側諸国の対日政策が転換する。「日本非武装化指令」（昭和二十三〈一九四八〉年二月十二日、米国政府極東委員会採択）は撤回され、昭和二十四年七月には「日本に不敗の反共防壁」を構築するというマッカーサー声明が発せられた。同時に朝鮮戦争特需は破滅寸前の日本経済を蘇生させ、さらにサンフランシスコ講和会議で早期に独立を達成することになる。

一方、沖縄の統治策については米国政府部内で国務・国防両省の意見が対立する。国防省は戦略信託統治を主張し、潜在主権についても否定的であった。しかし、国務省は、天皇のご意見（日本の主権を残した上での米軍長期駐留を希望したとされる「天皇メモ」を基本とする）を引用し、日本の潜在主権を残した一般信託統治を主張したのだ。

国務省は国防省に対し、「琉球諸島の戦略信託統治は恐らく米国の財政的負担を伴うことになることを留意すべきである。これらの諸島は赤字地域である。戦争前、これらの諸島は経済の欠陥を補うために日本に依存していた。統合参謀本部が一九四八年財政年度における琉球に対する米国の支出が二千八百万〜三千万ドルにもなると、さしあたり見積もっていることは知らされている。当部署は対日講和締結後、琉球諸島の戦略的信託統治の場合に伴う民政統治経費の固い見積額を見たことがない。これは我々の情報の重大なギャップである」と主張した。

結局、国務省案が採択され、沖縄はサンフランシスコ講和会議において、対日平和条約第三条によって将来、国連信託統治に編入されることを含みとした米国の信託統治下（施政権下）に置かれた。

以降、住民が海外渡航する際は、米国政府発行のパスポートが使用された。

米国のダレス全権はこの会議において「日本に潜在主権を保有することを許す」と強調し、吉田茂全権は「世界、特にアジアの平和と安全が速やかに確立され、これらの諸島が一日も早く、日本国の行政下に戻ることを期待する」と謝意を表明している。

以降、日米首脳会談において日本側は絶えず米国に対し、沖縄に関する潜在主権の存在を確認していったのである。

❖サンフランシスコ講和条約を全面支持した沖縄住民

沖縄住民は当時、この動きに反発しなかった。今や反米反日のキャンペーンを展開する『琉球新報』でさえ、講和条約に祝意を表して『うるま新報』（米軍設立）から社名を変更しているのである。

こうして沖縄では昭和二十九（一九五四）年より本格的な基地建設が始まる（第一次基地建設ブーム、約二億七千万ドル）。

米軍基地建設の際、国際入札には日本のゼネコンの参加が認められた。大林組など大手ゼネコンは米国企業と競いながら続々落札した。

工事代金はドルで支払われるため、わが国の外貨獲得に大いに寄与することとなった。ちなみに昭和三十（一九五五）年、日本のドル収入は米国より年間四億六千万ドル、ついで沖縄より五千万ドルとなっている。沖縄分は現地部隊発注の民需用品代金が主であった。

十年後の昭和四十（一九六五）年頃には、沖縄には二つの飛行場（普天間基地を省く）、核潜水艦用海軍基地、第三海兵師団、陸軍特殊部隊、陸軍空挺部隊が展開し、また保養施設として二つのビーチ、十五の劇場、ゴルフ場、ボウリング場が運営され米軍独自のテレビ局、ラジオ局を維持している。兵員や家族など沖縄に居住する米国人は七万五千人を数えた。また基地やこれらの施設に雇用される沖縄住民は五万五千人を突破していたのである。

沖縄住民の生活必需品の七割は日本本土に依存していたため、復帰までその移入量は年々増加し、昭和四十年代になると本土は沖縄から、毎年二億～四億ドルを受け取ることになる。

米国人ジャーナリスト、ノーマン・スクラレウイッツは「日本の商品は運賃が安いためにアメリカ製商品との競争に勝つことができる。沖縄を支配しているのは米国であるのに住民のマーケットを握っているのは米国より、むしろ日本の実業家たちである」（『今日の琉球』より引用）と批判している。

「一九六二年米会計年度中に、日本は一億千七百万ドルに相当する冷蔵庫、テレビ、米、繊維類、その他の製品を沖縄に売りつけたが、同じ期間に沖縄が輸入した米国製品はわずか二千万ドルである。このことは米国が沖縄に投入したドルの大部分が日本に持ち去られたことを意味する」として、在沖米国人商工会議所会頭ホワード・マクレランの発言、「沖縄で得られる利益は琉球経済振興のためにはならず、東京に移動している」を引用している。

昭和二十七（一九五二）年四月二十八日、条約発効に伴いＧＨＱが廃止され対日平和条約と日米安全保障条約が発効した。

沖縄では四月一日、琉球政府（今の沖縄県庁）が発足、その二カ月前の二月二十九日、憲法に類似する「琉球政府章典」が米軍政府によって発布された。三月二日には第一回立法院議員選挙（現在の沖縄県議会議員選挙）が実施された。女性参政権は米軍政府によって昭和二十（一九四五）年九月十六日、本土より半年早く実施されていた。信託統治に沖縄独立を夢見た勢力はこの体制を支持した。

ちなみに昭和二十一（一九四六）年二月二十四日、日本共産党第五回大会において、沖縄出身共産党書記長徳田球一《とくだきゅういち》が「沖縄民族の独立を祝うメッセージ」を採択している。

なお沖縄を統治した米軍行政機関の名称は昭和二十（一九四五）年から昭和二十五（一九五〇）年まで「米軍政府」と呼び、以降、昭和四十七（一九七二）年の沖縄返還までを「米国民政府」と呼称した。

平成二十五（二〇一三）年四月二十八日、サンフランシスコ講和条約発効から六十一周年を迎えた。政府はこの日、天皇皇后両陛下をお迎えして、「主権回復・国際社会復帰を記念する式典」を開催した。ところが『琉球新報』をはじめとする沖縄マスコミは一斉に反発し、「四・二八政府式典に抗議する『屈辱の日』沖縄大会」を開催した。なお会場入り口付近には「革マル」の旗がはためいていた。大会スローガンは以下四点である。

①沖縄を切り捨て米軍占領下に置いた「屈辱の日」を「主権回復の日」とする政府式典がってぃんならん！（沖縄方言で「納得がいかない」）
②欠陥機オスプレイを即時撤去し、追加配備と嘉手納基地への配備計画を直ちに撤回せよ
③米軍普天間基地をただちに閉鎖・撤去し、県内移設を断念せよ
④基地のない平和で、みどり豊かな沖縄を実現しよう

✣沖縄地元メディアは中国の宣伝機関

しかし、「屈辱の日」と断じた地元メディアは、沖縄を取り巻く東アジアの危機について一切言及していない。

中国の工作が後押ししているのではないかとも疑われた。言うまでもなく中国軍による南シナ海および東シナ海への軍事進出は当時顕著になっていた。さらに中国は平成四（一九九二）年に「領海法」を制定し、尖閣諸島の領有権を一方的に宣言している。そして同諸島は今や中

国公船の包囲下にあるのだ。

大会開催日の五日前の平成二十五（二〇一三）年四月二十三日には中国公船八隻が尖閣諸島の我が国領海に約十一時間にわたって居座った。当時、侵犯回数は平成二十四（二〇一二）年九月の同島国有化以降、四十一回を数えており、中国公船八隻の同時侵犯はそれまでで最多となっていたのだ。

また普天間航空基地は、国連指定基地となっており、朝鮮半島有事に備えた最前線基地である。左翼の主張を入れて閉鎖すれば、東シナ海どころか朝鮮半島さえ混乱におとしめる。

平成二十五年、琉球新報社は「創立百二十周年」と虚偽の宣伝を繰り返していた。旧琉球新報社は明治二十六（一八九三）年、沖縄最後の王、尚泰の四男尚順男爵が設立したものである。

同社は、昭和十五（一九四〇）年、新聞統合で地元三紙『琉球新報』『沖縄朝日』『沖縄日報』が『沖縄新報』に統一され、事実上四十七年の社歴を閉じた。

現行の琉球新報社は、昭和二十（一九四五）年七月二十五日、『うるま新報』として米軍によって設立されたものである。『琉球新報』への改称は、サンフランシスコ講和条約調印に祝意を表して自ら行ったものだ。

最後の『うるま新報』（昭和二十六年〈一九五一〉年九月九日号）には、「善意と和解の講和成立、いよいよ独立日本が誕生」と一面にサンフランシスコ講和条約調印を評価している。また、その下部に社告として、『琉球新報』に改称する理由と挨拶が述べられている。

「『琉球新報』は、戦前における沖縄最古の新聞であり、『うるま新報』が戦後最も古い歴史を持つということに奇しきめぐり合わせであります。われわれは輝かしい本紙の歴史を辱《はずか》しめぬよう新聞の使命に全力を全うするつもりでおります。どうぞ読者各位の御支援御鞭撻のほどをひとえにお願いいたします」（傍線筆者）

そして翌日、『琉球新報』第一号（昭和二十六〈一九五一〉年九月十日号）に、我が国が講和条約に調印したことと、沖縄が米国の信託統治になったことが明記されており、「（沖縄）信託統治決定の日、琉球の進むべき道各層に訊く」というコーナーが設けられている。

驚くべきことに、当時、講和条約調印と沖縄の米国信託統治決定に関し、異論を唱えているのは沖縄域内で人民党（後「共産党」に改称）書記長瀬長亀次郎ぐらいである。

同紙には「日本と訣別は感無量、だが国際情勢を直視せよ」と題して各界のリーダーの発言を紹介しているが、容認派が占めていることには驚かされる。さらには、紙面のどこにも現在の地元マスコミが主張するような、「屈辱」という文言は見当たらないのだ。

✣かつては親米親日だった

当時、米国は世界工業製品のシェア七〇％前後を占めており、沖縄では、「日本の再起は不可能ではないか」と囁かれていたのである。

紙面を引用する。

「立法院議長（現在の県議会議長）泉有平
我々は終戦以来六年間米国からばく大なる援助を物心両面にわたって受け、之によって起こるべき戦後の悲惨を可成り軽減してもらった。それは取りも直さず米国の人道主義と寛大さの結果である。多くの琉球人が好まない信託統治を領土的野心をもたない此の米国が行うに就ては琉球人に対して心ならずも信託統治を敢えてしなければ理由ならぬに違いない。それは軍事的必要からだと広く考えている。我々は今日、米ソの二大勢力が洋の東西において対立しているという国際情勢の現実を思い起し度い（略）」

群島知事の平良辰雄《たいらたつお》も同様に、「米琉相互の理解協力」と題して肯定的にコメントを発している。

沖縄財界の平良忠義（沖縄貿易社社長）は、「議論理屈はあと回し　まずは足許を処理して建設へ」と前置きして、次のように語っていた。

「信託統治となったからといって別に変わった意見はない。現在、沖縄で進行中の軍住宅、港湾の改築拡大、道路の整備、中央政府の樹立（琉球政府）、司法、立法機関の整備、すべての事象の進路は信託統治を前提としてでなければ理解できないと思う。（中略）議論や理屈は後回しにし、前途を正視しつつ先ず吾々の足許に山積みした問題を次々と処理していく具体的建設的活動を即刻開始すべきである」

社会党幹事長の大宜味朝徳《おおぎみちようとく》は、次のように述べた。

「琉球の帰属問題を巡り疑問に感じることは一般の国際情勢に対する認識不足ということである。世界の大局を知らず日本復帰を唱える頑迷さが其の一例である。この際アメリカの世界政策を理解し之に協力する態勢をとることが最も重要である」

真和志村長の宮里栄輝は、次のように言った。

「米国による信託統治によって沖縄は民主化され、民族解放の過程になるであろうというのが、終戦直後、日本に於いて沖縄人連盟を結成した当時の吾々の素ぼくな考え方であった。其後沖縄の主観的並びに客観的状態の変化によって、吾々の考え方も一大転換してきたが講和会議の結果は落ち着くべき所に一応落着いた」

大城ツルは、次のように主張した。

「信託になっても日本に主権があることは喜ばしい事である。今後外資導入、移民計画、産児制限問題などを解決しつつ相協力して世界人としての向上にまい進していき過去（注・戦前）に於いて持っていた劣等意識を解消して、堂々と紳士淑女として立ち上がりたい。米国は物心両面援助を過去に於いてもふんだんにやってくれたが、今後に於いても我々の心構え次第でよく手伝ってくれると思う」

ここで真和志村長の宮里が言及している「沖縄人連盟」については、112ページで説明する。

ところで当時の地元紙は驚くほど親米である。

講和条約調印の一年前に発行された『沖縄タイムス』(昭和二十三〈一九四八〉年七月一日創刊)は、昭和二十五(一九五〇)年五月六日号の紙面一面全部を使ってマッカーサー元師を絶賛している。

社説に、マッカーサー元師へのインタビューが実現したことを誇るかのように引用し、元師にインタビューした同社専務理事の座安盛徳は、別枠で、「慈父のような態度」と題してまたコメントを掲載している。

「あたかも遠方にいる不憫《ふびん》な息子の安否を気づかう慈父のような態度に一行はすっかり気をよくして歯に衣を着せないで実情を訴えた。

記者が『終戦以来、太平洋の悲劇は沖縄人だけに背負った形で前途頗《すこぶ》る悲観していたが、今日ではゼネラル・シーツ(注・在沖米軍司令官)の赴任によって希望を取り戻し明るく復興にまい進している。此の際元師のメッセージをと云えば『君は僕と話しているから、それを書けば一片の紙切れにすぎないメッセージなど、どうでもいいではないか』と軽く打ち込んで一本参らすなど、すっかり父親の意地悪にベソをかかされた形で、いよいよ思い切り甘えてみたくなった」と記載しているのだ。

次のような記述もある。

「この動乱(沖縄戦)を通じ、われわれ沖縄人として、おそらく終生忘れることができないことは、米軍の高いヒューマニズムであった。国境と民族を越えた彼らの人類愛によって、生き残りの沖縄人は生命を保護され、あらゆる支援を与えられて、更生第一歩を踏みだすことができたことを、特筆しておきたい」（『鉄の暴風・現地人による沖縄戦記』沖縄タイムス社編「まえがき」より）

当時、紙面に登場した方々は全員物故《ぶっこ》しておられるが、おそらく泉下《せんか》から現在、地元メディアの変節に唖然と見ていることであろう。

2 「沖縄の慈父」と称されたオグデン陸軍少将

公安調査庁によれば、昭和二十七（一九五二）年から昭和三十一（一九五六）年にかけて、中国共産党より日本共産党系の団体や政治家の活動費として三億円以上の送金が行われており、昭和三十一年には中国国家副主席の劉少奇《りゅうしょうき》が、日本の反安保闘争や反基地闘争に対し「英雄的行為だ！」と称賛している。特に日本の反核運動を激励し援助まで約束していたのだ。

一方、昭和三十三（一九五八）年、中国はチベットの独立運動を弾圧し、八万七千人のチベット人を虐殺している。中国はまた国内の人権弾圧も強化したため、自由を求める中国国民が当時英国領であった香港へ次々と逃亡していた。

中ソ対立の中で発生した朝鮮戦争で我が国は兵站《へいたん》基地として機能した。中国、ソ連共産党はこれを弱体化するため、日本共産党に内部攪乱《かくらん》を指令する。昭和二十六（一九五一）年日本共産党は第五回全国協議会（五全共）で綱領を決定、「武力革命路線」を採用した。それ以前にも下山・三鷹・松川事件等への関与が疑われていた。

昭和二十七（一九五二）年一月二十一日、札幌市警察の白鳥一雄警部が自転車で帰宅途中、札幌市共産党員に射殺される事件が発生している。昭和二十八（一九五三）年八月には留萌《るもい》沖で海保とソ連スパイ運搬船が銃撃戦を行っており、二月十六日には北海道上空で米ソ両軍戦闘機が空中戦を展開していた。

沖縄を統治する米国は、このようなソ連や中国の動きを警戒していた。

その折、昭和三十（一九五五）年一月十三日、『朝日新聞』の社会面一面に、自由人権協会（理事長・海野《うんの》普吉《しんきち》）の沖縄の基地の報告を引用した特集「米軍の『沖縄民政』を衝く」という批判記事が二日間にわたって掲載され、東京の極東軍司令部を驚かせた。

同委員会は「沖縄の基地問題は人権擁護の立場から黙視できぬ種々の問題がある」と指摘した。主な内容は米軍用地接収問題、基地従業員労賃問題、人民党（共産党）事件、日本復帰運動、渡航制限問題などであった。

この発端は沖縄に滞在していたキリスト教牧師オテス・W・ベルの書簡である。これがニューヨークにある世界自由人権連盟議長ロジャー・N・ボールドウィンに送付された。ボールドウィンはそこで日本人権協会に沖縄を調査するよう要請した。ところが日本人権協会は沖縄へ一度も実地調査には訪れず、ボールドウィンの書簡をそっくり引用していたのだ。

ボールドウィンは当時七十歳、同氏は軍国主義に反対する全米組合（American Union against Militarism）のメンバーとして第一次世界大戦に反対し、良心的兵役拒否者として一年間服役した経歴を持っていた。さらに共産主義に傾倒した時期もあり、終戦直後、米極東軍司令部顧問として来日したこともあった。

❖米国の投資下でインフラが発展していく沖縄

ところで朝日の記事の中には『赤旗』の引用もあった。朝日は、昭和二十九（一九五四）年十二月十五日、那覇市近郊小禄地区で沖縄の地主とされる集団が米軍の用地接収に抵抗して米軍武装兵によって数人の負傷者を出したと報じている。

事実は昭和二十八年十二月五日に発生した係争で、この一帯は軍が道路工事のため、すでに地主から借地していたものである。金銭補償、及び代替地補償もなされていた。朝日はまた日本人権協会の報告として「沖縄人は借地料が実勢価格より、かなり低いということに対して戦ってきていることが判明した」と強調した。

ところが同紙には那覇市長の当間重剛《とうまじゅうごう》の談話が掲載されている。

「軍側では土地台帳に記載されていた地価などを証拠として出すが、地主側は、これは税金を頭において極めて割安に登記する慣習に従ったものだと反発する。局地的には無理だというので、比嘉主席がこの問題をもって近く渡米する話が進んでいる」

と紹介している。

当時、沖縄は米国施政下で入国審査を要し、パスポートが発行されていた。統治権者は米国民政府である。民政長官は初代が在京の米極東軍司令官のマッカーサー元帥、民政副長官を沖縄在勤の米陸軍少将が務めた。

当時日本本土はどうだったであろうか。昭和二十五(一九五〇)年に勃発した朝鮮戦争、四年後の昭和二十九(一九五四)年十二月に発生する(第一次)台湾危機等、米国は共産主義勢力による東アジアへの侵略に対処すべく沖縄基地強化に乗り出していたのである。日中両共産党はこれを妨害すべく沖縄人民党への工作を本格化していた。

一方、日本共産党は革命を企てる。昭和二十七(一九五二)年頃には「中国人民解放軍が日本にやって来る」とか「革命近し」の流言が流行し治安は悪化していた。ここに沖縄出身の日本共産党最高幹部である徳田球一が登場する。

昭和二十(一九四五)年十月に出所した徳田は間もなく第四回共産党大会で日本共産党書記長に就任した。そして「沖縄民族は少数民族であり、歴史的に搾取、収奪された民族である」と発言して沖縄独立を唱えた。

この月、沖縄人連盟が結成された。目標は朝鮮人連盟と連帯するというものであった。初代会長は沖縄文学者の伊波普猷が就任、同年十一月には全国統一大会が東京で行われ、約七万人の会員を擁するようになった。このときの設立趣旨は①沖縄独立、②地割制（原始共産主義）復活、であった。

彼らは当初、米軍を「解放軍」と礼賛し、自らを戦勝国民いわゆる「第三国人」と自称していた。

この結果、マッカーサー元帥までもが「琉球人は日本人に非ず」と発言するようになっていた。ところが、沖縄人連盟の主要幹部によって「配給物資を横領されている」という風評が起こり、また主導権を巡って内紛が頻発した。伊波は昭和二十二（一九四七）年八月十三日に病没し指揮官不在状態が続き、昭和二十五年二月に、徳田が中国へ逃亡したことから自然消滅した。

一方、米国の資本投下で沖縄のインフラは飛躍的に整備されていった。昭和二十七年、沖縄本島を南北に縦断する幹線道路一号線（現在の国道五十八号線）を施工、沖縄史上初の幅員五十メートル、全線アスファルト舗装道路である。

戦前幅員五メートル前後で未舗装の道路しか経験していない住民は驚嘆し、巨大滑走路ができたと思ったほどであったという。

また、昭和二十八（一九五三）年四月には牧港《まきみなと》火力発電所、昭和二十九年には安謝港が浚渫《しゅんせつ》された。

❖生活が飛躍的に向上していく沖縄

昭和二十五（一九五〇）年五月、これも米国陸軍軍政府によって沖縄史上初の大学「琉球大学」が設立され、ミシガン州立大学を協力支援校として日本復帰までに一万四百二名の地元青年男女に大学教育を行った。

昭和二十三（一九四八）年からはガリオア・フルブライト資金をもって沖縄出身者を優先的に米国へ留学させた。日本復帰までに、その数合計一千八百十九名にのぼる（本土は六千百七十二名）。日本本土では大卒の月給が一万円の頃に、五万円の勉学手当をもらう超優遇を受けていた。

昭和三十一（一九五六）年六月、芦田均《ひとし》自民党外交委員長は、この米軍統治を評して「沖縄住民はかつて麻袋をまとい、裸足で歩いていたが、今では洋服と靴の生活に立ち直り、村に舗装道路ができ、小学校も立派になったのはアメリカの力だ」と発言、「米国のお蔭で沖縄住民の生活は向上した。日本の統治ではこうはいかなかっただろう」と発言している。

本題に戻そう。昭和三十（一九五五）年一月十六日、米極東軍司令部は以下のプレスリリースを行い、前出の『朝日新聞』の記事に反論した。

①米軍が第二次大戦の終わりに琉球島の統治を引き受けたとき、同島はほとんど完全に破壊されていた。戦時中、日本政府は市民を耕作地の多い島の南部から比較的荒れた北部地区に移した。公共の建物は大半が破壊され、それと共に土地台帳も全部消失していた。これらの記録を再生することが米軍使用の土地に対する補償の決定、支払い計画に欠くべからざるものであった（註：日本陸軍は本島南部で米軍に最終決戦を挑んだ。このため本島中南部の住民を北部の山岳地帯へ避難疎開させた。当時北部に避難していた住民の証言によると、米軍は避難民保護のためマラリア等の感染症対策に腐心していたという）。

②米国政府は米軍が使用している土地につき、公正な使用料が支払われるようにするため、専門委員会並びに土地収用に関する諸規定を設けた。

これに関連して昭和二十五年に（戦前沖縄で営業していた）日本勧業銀行に委託して米軍使用土地の評価を実施させた。この時の評価額の合計は一千万ドルに達したが、この評価は適正でないと批判が出たため、昭和二十八（一九五三）年に米陸軍工兵隊委員による再評価が行われ、その結果、土地価格は前回よりも平均七割方高く、その総額は千七百万ドルに達した。現在沖縄人の地主に支払われている地代はこの評価額の六％にあたり、これは米本国の（軍借り上げ）農地の地代比率に相当する。この地代はいわゆるB円で支払われており、B円は現在一ドルに対して百二十B円の換算率になっている（註：米民政府は原則として地主から直接の賃借はせず、琉球政府〈現在の沖縄県庁〉が行い、米軍に賃貸する形式をとった。日本復帰後は防衛施設庁〈現在の防衛局〉に移管された〉。

③報道されているように米軍が沖縄の総耕地の四一%を接収しているというのは誤りである。その比率は二二%で、しかもその後、千五百七十万坪の新たな耕地を開拓し、耕地喪失の一部が補われている。また現在収容されている二二%の耕地のうち三分の一以上が、建設工事が開始されるまでの間、引き続き地主によって耕地として使用されている。

④米軍当局が米、フィリピン、日本人（軍雇用員）に比して沖縄人労働者の賃金を差別していると非難しているが、これは賃金の違いを差別待遇と誤解させるものだ。賃金の違いは技術の熟練、及び各国の経済条件の違いによるもので日本人労働者には同じ賃金が支払われている。また米軍は沖縄人労働者（沖縄域内労働可能人口）の約八〇%に雇用の機会を与えている。

⑤米当局が沖縄人民党中央委員の林義巳、全沖労事務局長の畠義基両人の送還と沖縄人民党の処理で人権を侵害していると非難されているが、林、畠両氏は奄美大島出身であり、人民党内における不穏活動により送還された。沖縄人民党事件については四十三人の被告中

二十五人は証拠不十分で不起訴になり、残る十八名中十四名は日本本土から弁護士を呼ぶことを要求して審理を拒んでいる（註：奄美諸島は昭和二十八〈一九五三〉年十二月二十五日に日本に返還されたため、米国施政権下の沖縄へ渡航する際は入国審査を要するようになった。奄美共産党員の林、畠両人は不法滞在の罪科で起訴されていた。なお、畠は後年転向し、沖縄における共産党組織の内実を暴露している）。

⑥一九四六年以来、米国は琉球諸島に約二億ドルの経済援助（元邦貨約三兆二千億円）を与えた。この金は主として食糧、木材、セメント、石油、肥料などの調達のために使用された。また現在米国は住民の健康と衛生状態改善のため琉球政府に力を貸している。

⑦沖縄諸島が戦前の状態から大きく進歩した自給自足の状態に向かって順調に進みつつあり、一般の生活水準も漸次向上しつつあることも認めねばならない。

さらに米軍はジェームス・E・ムーア民政副長官が四月十一日、国内外の記者二十五名を沖縄に招待し取材させている。ムーア米陸軍少将は第五代民政副長官、実質的沖縄統治権者であった。

この時、来島したフランス・AFP通信のモリス・シャントル記者が、地元記者安田武に対し、「ヨーロッパでは安全保障がすべてに優先します」と語り驚かせている。モリスは朝鮮戦争の際に、北朝鮮軍に捕らえられて二年間の抑留生活を送った経験を有していた。対共産主義国家への認識は他の日本人記者とは比較にならなかった。

❖「オグデン米陸軍少将を永く沖縄に」

日本国民の平和ボケへの批判、懸念は他の外国人記者も表明していた。ロンドン『イブニング・ニュース』東京特派員ハンス・E・プリングスハイムは、沖縄に対する米国の施政権について、「私はドイツ人ですから感情で判断はしません。冷静な立場でものを考えます。沖縄は平和条約で軍事的必要上、米国が施政権を持っており、これは仕方ないことです。ドイツも（敗戦によって）領土をとられたが、これも仕方のないことです。こういった問題は戦争があるかぎり仕方のないことです」と「仕方がない」を繰り返している。

（韓国）東洋通信社東京特派員の韓鍾愚記者は、「日本人が共産主義の脅威を認識してくれることを望む」と地元記者に語っている（昭和三十六〈一九六一〉年十月十二日『琉球新報』夕刊）。

他方、昭和三十三（一九五八）年十一月、蔡璋（日本名：喜友名嗣正《きゆなつぐまさ》）、大宜味朝徳が台湾国民党との連携の下、沖縄独立を主張する。韓国大統領李承晩《イスンマン》（当時）は蔡璋に使者を送り支援していた。その際、無防備中立を主張し、容共姿勢を示す日本国民を批判し、「万一、沖縄が日本に返還され米軍基地が撤去されれば韓国の安全に障害を及ぼす」と明言していたという。

日本のメディアは当時報道しなかったが、台湾国民党は沖縄主権を主張しながら、台湾の軍事独裁化を強化していた（昭和二十四〈一九四九〉年以降、三十八年間戒厳令施行）。

昭和二十三（一九四八）年六月には国民党の軍用機が石垣島旧日本海軍飛行場に着陸し、米軍によって排除されている。当時、万が一沖縄に米軍の駐留がなければ、沖縄は北方領土や竹島の様相を呈していたことであろう。さらに中ソの共産主義独裁体制によって粛清や弾圧が行われていた民衆に比べれば、当時の沖縄住民はまさに恵まれた籠の鳥であった。

一方、朝日や他のメディアは報道しなかったが、土地問題の起点となった米軍用地新規接収と地代一括払いを昭和二十九（一九五四）年三月十七日に発表した第四代民政副長官デイビッド・A・D・オグデン米陸軍少将は、昭和三十（一九五五）年三月、沖縄から米本国に転出したが、住民から慈父のように慕われ、官民あげての慰留運動が域内各地で展開された。

少将は威張ったところが少しもなく、戦後、住民によって建設された茅葺《かやぶき》校舎に胸を痛め、米軍コンセントの提供や鉄筋コンクリート校舎建設を推進した。米軍予算が不足したため基地内で校舎建設のための募金活動も行っている。また地方視察は一切事前連絡なしに行動し、住民目線で役所職員と対談した。風貌も柔和であったこともあって住民に慕われた。

昭和三十年一月八日の『琉球新報』には「オグデン副長官を永く沖縄に」と題して「沖縄市町村会が六日に臨時評議員会を開催し、本件を採択、直ちに陳情文をアイゼンハウアー大統領、国防長官、統合参謀本部長、米国上下両院議長、ハル民政長官に送るとともにオグデン副長官に要請することを決定した」と公表した。

陳情書要旨は次の通り。

「オグデン副長官着任以来琉球の復興は急ピッチで促進された。オグデン副長官の実情に即した施策は必ず明日の輝かしい新琉球を建設してもらえるものと、全住民は副長官に大きな期待と協力を持っている。オグデン副長官の過去二カ年の調査と研究の成果が具体的な施策の上に具現され、新琉球の建設が促進されるまでオグデン副長官を琉球に長期間勤務させて頂きたい」

当間重剛那覇市長などは東京の極東軍司令部にオグデン少将の上司民政長官ジョン・エドウィン・ハル大将（第四代民政長官）を訪ね、転勤撤回の要請までしている。戦前の日本では考えられないことであった。陸軍少将の人事を一市長が直属の陸軍大将に依頼することは、県知事でもできなかったことである。

❖ 壮観な送別会

ところが、沖縄住民の願い叶わず少将は転出することになった。その送別会が壮観であった。

昭和三十（一九五五）年二月二十五日、那覇沖映本館で開催され、比嘉秀平主席をはじめ域内各界の知名士三千名が出席したと当時の地元紙は報じている。市町村会はオグデン副長官送別会の席上で副長官の功績を永く顕彰するため一号線（現在の国道五十八号線）を「オグデン道路」と命名するよう動議を提出、全会一致で可決された。

『琉球新報』（昭和三十年二月二十六日）には、「昭和二十七（一九五二）年一月に副長官に就任以来、校舎の復興、道路の整備、海外移民実現、八重山開拓と琉球の復興に貢献をなし、住民から慈父のように親しまれていた」と、オグデン少将を称《たた》えている。

この前日、地元二紙『琉球新報』『沖縄タイムス』それぞれ朝刊二ページ下段に、「オグデン閣下謝恩惜別式典」と大きく銘打って、送別式典への参加呼びかけが地元芸能界から発信されている。両紙とも同様の広告であるが紙面を紹介すると、

「琉球復興に偉大なる業績を残された全琉八十万住民の慈父米琉親善実践の人、オグデン副長官閣下有難うございました」

「全琉最高の芸能人が多年苦心して研鑽を積んだ至芸を副長官閣下に惜別の真心で送る名優大宜味小太郎、喜劇王名城政助特別賛助出演」

と強調されている。

一方、同年一月十五日の『琉球新報』日刊には映画広告が掲載されているが、「金色夜叉《こんじきやしや》」と題して、

・「特報！　永田（雅一）大映社長の特別なるご好意により十五日、十六日、米軍将兵慰安大興行」

・「本興行の全収入はオグデン副長官閣下のご配慮により社会公益事業に寄付されます」

この紙面の中段にオグデン副長官の軍用地問題に関し、次のコメントが掲載されている。

「今まで沖縄に支払われてきた全ての借地料は、沖縄並びに米国の納税者に適正であるとの賃借料を基にした未決制定の暫定借地料として考慮されてきたのである。沖縄の適正借地料の制定については、当地で収容委員会が慎重に検討を続けている。現在まで我々は、我々が考えている沖縄人の公正取り扱いについて議会と折衝を続けてきている。私は軍用地料の結果について何も言えないが、議会が必ず幾分なりとも沖縄の地主に同情してくれるものと確信している」

としながら、共産主義勢力の工作に注意を喚起している。

「マルクス主義運動は無責任な指導者を通して、より大きな保証を与え民衆の支持を獲得するでありましょう。そしてそれを通して個人の自由剥奪を計るのであります。

共産主義者もこのことについて知っていて、これを混ぜ繰り返そうとしている。これは沖縄の進歩発展の時期である今日、大いなる宣伝を集中しようとしているからである。私は、沖縄人は米国議会で公正に扱われるだろうと思う。それは議会がいまだ我々を決して失望させたことがないからである」

これほどまでに住民に慕われてたオグデン少将の時代を、琉球大学教授（当時）の保坂広志は、昭和五十八（一九八三）年、「オグデン時代は、俗に沖縄の暗黒時代と言われている」と表現している（『沖縄大百科事典』沖縄タイムス社刊）。

3 石垣高等弁務官代理ワーレン陸軍少佐の場合

この頃、米軍将校の転出と住民の惜別の光景は各地で見られた。『琉球新報』（昭和三十五〈一九六〇〉年五月二十六日の記事）は「（ワーレン少佐夫妻）感激で何もいえぬ　賑わったワーレン夫妻送別会」と報道している。

ワーレン少佐とは高等弁務官代理サミュエル・H・ワーレン少佐である、約三カ年の任期で、石垣島の産業開発と住民福祉の向上に大きな功績を残した。任務を終え、ワシントンに転任した。その前年の昭和三十四（一九五九）年には不幸にも長男（六歳）を交通事故で亡くしていた。

「ワーレン少佐夫妻送別式典は二十四日午後七時から（琉球政府）地方庁主催で、石垣市琉映館地下ホールで各種団体の知名士二百人が出席して盛大に開かれた。まず仲本地方庁長の挨拶のあと、引き続き大田主席をはじめ、八重山地区各市町村議長会、八重山市町村議会、西表開発期成会、八重山開拓聯合会、八重山記者会、八重山婦連から五七年ワーレン氏着任以来、石垣港湾浚渫、石垣島の電灯化、西表開発、移民地の農道、簡易水道設置など問題解決に住民の先頭に立って努力した功績、また教育問題や辺地の急病人を本島米軍病院へ航空機で搬送するなどにも大きな働きがあったことなどを称える感謝状が贈られた。

　これに対しワーレン少佐夫妻は『みなさんの寛大な気持ちにふれて感無量で、なんと言っていいか言葉が出ません。私は多少なりとも奉仕できたことを光栄に思います。八重山は私にとって一生忘れることのできぬ島です』と涙にむせびながら別離の挨拶を述べた。引き続き余興があっておそくまで送別会に花を咲かせた」


　なお、少佐が着任した昭和三十二（一九五七）年春、八重山列島にマラリア感染者が異常発生した。昭和二十八（一九五三）年、米軍による罹患患者への薬品投与により一時沈静化したが、食料難による栄養の不足と台湾や沖縄本島からの保菌者の流入もあって、昭和三十二年、石垣全島民三万千六百七十一人中、罹患者一万六千八百八十四人、死者三千六百四十七人を数えた。一家全滅、廃村瀬戸際の村も発生した。このため米軍は治療薬アタブリン百十万錠を住民に支給している。死亡率は当時人口の実に二〇％に達した。

　戦前日本内務省は大正十一（一九二二）年より、マラリア防遏《ぼうあつ》事業に乗り出してはいたが、国力が伴わず消極的防遏方法を講じるのみであった。

　貯水池や水田地帯に魚（タブノミー）を放し飼いにしたり、流行地域付近のヤブ、灌木の伐採という手段を講じる程度であった。このため一向にマラリア撲滅運動が効果を現さず、山間部や離島地域の振興開発は停滞していた。昭和七（一九三二）年に制定された沖縄振興十五カ年計画も、この感染症防遏が主要課題とされていたのである。

昭和三十二年七月、米国民政府は、米極東軍第四〇六部隊医学実験室の昆虫学者チャールズ・M・ウィラー博士を招聘し、徹底撲滅に乗り出す。強力殺虫剤を空中と陸上から全島一斉に噴霧し、また発生源の水たまりや池にも薬品を投入した。

この結果、五年経過した昭和三十七（一九六二）年には石垣島はおろか沖縄列島よりマラリアの完全撲滅に成功し、有史以来初めて、罹患者、死亡者ともゼロとなった。

❖医療も米国の支援があった

マラリアは古代から沖縄開発の最大阻害要因とも言われていたのである。米国は沖縄離島や本島北部の山間地域の住民が栄養失調状態にあるため、リバック委員会が毎月二百万ポンド以上の食糧やビタミン剤を配給していた。リバック委員会とは「琉球有志団体委員会（RIVAC）」の略称で、米国政府が本国の各農家から買い上げた物資を困窮者に配給するもので、配給決定メンバーは琉球政府（厚生局、文教局）スタッフ、高等弁務官公衆衛生部福祉部係官、キリスト教世界奉仕団、カトリック国民福祉評議会代表である。

宮古島では一九六〇年代になってさえ食料不足で住民が自生するソテツの実を食べ、それに含まれる毒素（サイカシン）を誤って食べてしまい中毒を起こす事件が続発していた。

離島からの急患輸送は、一九五九年から日本復帰後まで実施された。昭和三十四（一九五九）年四人、昭和三十五（一九六〇）年二十一人、昭和三十六（一九六一）年四十九人、昭和三十七（一九六二）年六十一人を数えていたのである。

話は異なるが、西表島北東部野原地区に昭和三十七年五月、沖縄駐留米陸軍五〇三空挺部隊によって建立された記念碑がある。演習の一環として全長十六キロの道路（名称「オグデン道路」）を改修した記念として建立されたものだ。当時の新聞は、次のように報じていた。

「老朽化して轍《わだち》がひどかった道路を改修し、古見小中学校運動場拡張工事も実施、スポーツ用具の提供、映写会も行った。古見集落で米琉親善陸上競技大会、感謝会が催され、竹富町も感謝状を（米軍に）贈呈した。

木原実助役は『西表開発は米政府の援助がなければならない。浦内の方でも大規模な演習をしてもらって浦内川の橋を改修してもらうよう希望する。地元民は演習を歓迎している』と挨拶している」（『八重山タイムス』昭和三十七年五月十六日）。

第六章　沖縄県民は純然たる日本国民だ！

1 『琉球リポート』の真実

沖縄を日本から離反させようとする勢力が沖縄には二つある。日本共産党が「動的勢力」とすれば、「静的勢力」が久米村人《クニンダンチユウ》（中国帰化人子孫）である。

とくに後者の影響は大きい。沖縄の近現代は、この久米村人集団の功績と中国の冊封に拠ったと改竄《かいざん》されているのだ。県内では初対面で自己紹介する際、出自が久米村人であることを発言すると一段高く見られる傾向にある。

平成二十八（二〇一六）年十二月十一日、那覇市内で「旧久米村琉球史の要衝」と題してシンポジウムが開催された（主催・久米国鼎会、参加者約三百五十人）。その席で、元沖縄国際大学教授で県立博物館・美術館館長の田名真之《だなまさゆき》氏が、次のように述べていた。

「中国的な文化の導入は琉球王国が久米村に期待し求めたものである。（琉球処分によって明治政府が琉球を日本に取り組んだことで）久米村の人たちは、中国人の祖先とは言いづらい状態だった。そのため久米村のさまざまな伝統がたくさん失われた」

しかし、史実は違う。戦前の日本政府は孔子廟など史跡や文化を保存する施策を展開していた。残念ながら沖縄戦で、そのほとんどが焼失した。明治二十七（一八九四）年四月、熊本師範学校修学旅行生約百人が沖縄を旅したとき、「公開堂」と称される南陽館の扁額《へんがく》すべてが中国冊封使のものであることに嫌悪感さえ覚えていたという。

そもそも漢民族の沖縄への大量移住は、明《みん》国が滅びて清国が成立した頃である。中国では政権が代わると前王朝の関係者などは全員粛清されてしまう。久米村人の多くは、そういった亡命者だったのである。

琉球王国を避難先としたのは、強力な薩摩の庇護下にあるため亡命の地として適していた。ペリー来航時もその記録に「薩摩軍のマークをつけた守備隊がいる」と記されているばかりか、「琉球は日本の影響下にある」と明記されている。

では、遺伝学的には沖縄県民は中国人であろうか。

琉球大学大学院医学研究科の佐藤丈寛博士研究員、木村亮介准教授、北里大学、統計数理研究所の共同研究チームが、平成二十五（二〇一三）年九月十六日、現在の琉球列島に住む人々の核ゲノムＤＮＡを解析した。この結果、遺伝的に琉球列島や八重山諸島の住民は台湾や大陸の人々とつながりがなく、日本本土により近いという研究成果を発表した。

これまで骨や一部のＤＮＡの分析から、琉球列島の人々は中国や台湾より日本本土の人々と近いとする研究成果が発表されてきたが、今回、初めて全ゲノムを網羅《もうら》した解析によって同様の結果が導かれた。今後の琉球列島の住民の起源を探る研究の一助として注目される。

❖ マシュー・ペリー提督の『琉球リポート』

嘉永六（一八五三）年以降、六回に亘《わた》って沖縄に寄港した米海軍総司令官マシュー・カルブレイス・ペリー提督による『琉球リポート（Narrative of the Exposition of an American Squadron to the China Sea and Japan）』がある。その中にくだんの史観を覆す項目を発見した。とくに「xpedition to Japan」の項には、〝衝撃的〟と形容されるほどの内容が含まれていたのである。

和訳で要約すると、宝暦六（一七五六）年、清国の冊封副使として来琉した周煌《しゅうこう》は「琉球の主権は支那皇帝にある」と主張しているが、ペリーは、「琉球は事実上も、また法律上も正に日本の一部である」と断定しているのだ。

なお、本文中に登場するベッテルハイム博士とは、英国の宣教師、医師で、弘化三（一八四六）年より八年間那覇に居住した人物である。英国の琉球占領を目的に諜報活動を行っていたとも分析される。

当時超大国であった英国は、天保十三（一八四二）年、アヘン戦争の勝利をもって清国と南京条約を締結し植民地化に着手しながら、さらなる目標を日本征服においていた。その根拠地として琉球の位置に着目していたのだ。

ペリー・リポートの要点を紹介したい。

①那覇には薩摩軍のマーク（quartered）がある日本の守備隊が駐屯している。ただし、この部隊は公然と姿を見せることはしない（註：一八四四年以降、薩摩藩は領土防衛のためとして守備兵二百名を沖縄に派遣していた）。

琉球人は武器やその他の軍備を持たない戦争嫌いな国民であることを装っているからだ。ベッテルハイム博士も、この部隊が武器を手入れしている光景をたびたび見かけている。

②琉球の貿易は全て日本と行われている。

琉球が中国の属領なら、このようなことはないだろう。日本は四百五十トンほどのジャンク船を年間三十〜四十隻、琉球に派遣しているが、琉球から中国へ向かう琉球船は毎年一隻にすぎない。または一年おきに一隻以上の船で中国に朝貢品を運んでいると言われているが、那覇に入港を許された中国船は一隻もない。

③琉球には多数の日本人が居住しており、琉球人と変わりなく絶えず自由に出歩いている。日本人は琉球人と結婚し、農耕をしながら那覇に住居を建てている。日本人は日本本土と同じような暮らしをしている。対照的に中国人は他の外国人のように住民に追い回され、官憲（密偵）に追尾されている。住民にののしられ侮辱されてもいる。

このことは我が艦隊士官の日記からも確認できる。この士官は自分が目撃した、いくつかの事実に基づいて次のように述べている。

「宗教、文学、風俗習慣が日本と極めて一致している。彼ら（琉球人）がほかの全ての（日本）国民と同様に中国人との交際を固く拒んでいるのは全く明らかである。実際は、琉球は事実上も法律上も日本の一部なのである。そのモットーは『全世界と絶対に交際しないこと』なのである」（註：ここでは徳川幕府による鎖国政策を指すものと解される）。

④ベッテルハイム博士が琉球王国役人と接触するときには、必ず少なくとも二人の人物が現れる。この人物たちが会談をとりしきり、かつ王府の役人を操っているのは明らかである。彼らは日本の監察官であると博士は推定した。

⑤琉球人の言語、服装、習慣、美徳、欠点（Vices）は日本人のそれと一致している。両国の明白な関係が確認できる。言語は人類学者にとって最も確実な証拠となるものである。この点に関しては、我が士官の調査結果を適当な場所で、さらに詳しく説明することにしよう。

ベッテルハイム博士は、「琉球国はある程度は独立しているが、中国皇帝に対する朝貢と引き替えに〝王〟という称号を許されているだけであり、結局のところ日本の一部である」と断じている。

❖「琉球王国」への幻想を求める沖縄

久米村人子孫の中国人に対する同族意識は軽視できない。フィリピンのロドリゴ・ドゥテルテ大統領は、祖父が福建省出身であることから、就任後、南シナ海における島嶼《とうしょ》主権を巡る国際司法裁判所の裁定に言及しなくなった。沖縄でも久米村人の子孫は尖閣の領有権を主張しないのである。

ともあれ、平成二十一（二〇〇九）年、久米村人を出自に持つ仲井眞弘多知事の下、沖縄県は薩摩侵攻四百周年、廃藩置県百三十周年と銘打って記念シンポジウムを開催し、県民の反日史観を刺激した。以降、普天間基地県内移設問題、米軍新型機「オスプレイ」の沖縄配備阻止闘争等、日本政府との対立が激化していく。

一方、中国の国力伸張と、福建省勤務時代に沖縄県民と親交を築いた習近平氏が中国共産党内で躍進、久米村人子孫たちを活気づかせた。

平成二十（二〇〇八）年、北京オリンピック、平成二十二（二〇一〇）年には中国は日本を抜いて世界二位の経済大国に躍進する。対照的に我が国は平成二十一年以降、鳩山、菅、野田と約一年おきに政権交代が続き経済も低迷した。

この期間(平成十八〈二〇〇六〉年～平成二十六〈二〇一四〉年)の沖縄県知事は仲井眞氏である。沖縄は時計の針が逆回りを始めた。

平成二十三(二〇一一)年十一月十七日、保守と目されていた仲井眞氏は知事在任中、県主催として上海公萬酒店で沖縄への土地投資セミナーを開催、「沖縄米軍基地用地は安全確実な投資物件である」と強調して、軍用地の購入を勧めていた。沖縄の米軍用地は毎年、確実に値上がりするため、国内でも投資物件として人気が高い。

ところで、平成二十四(二〇一二)年、薩摩で慶長十六(一六一一)年に処刑された謝名利山《じゃなりざん》(中国名：鄭迵《ていどう》)没後四百二周年顕彰会が、謝名の子孫で形成される鄭義才《ていぎさい》門中会によって那覇市内で開催された。

平成二十六年十一月二十日の『沖縄タイムス』「論壇」に、門中会副会長の饒平名秀昌氏が「鄭迵の精神が今こそ必要・薩摩に抵抗反骨の政治家」と題して論稿を掲載している。県民、特に戦後世代には国家に反抗することを英雄視する傾向にある。そのシンボルが謝名というのである。

一方、式典には沖縄左翼活動家リーダーの山城博治《やましろひろじ》被告が出席し「鄭迵を尊敬している」と公言した。山城被告は平成二十八(二〇一六)年十月に公務執行妨害、傷害・器物破損罪等で逮捕され、平成二十九(二〇一七)年三月まで勾留《こうりゅう》された。キャンプ・シュワーブ、高江地区で行われている米軍基地移設阻止闘争下での犯行である。

謝名の影響は今も残っていると言っても過言ではない。現在、沖縄には〝謝名〟の名前を冠したリゾートホテルもある。もちろん同施設内にも顕彰碑が設置されている。

謝名は天文十四（一五四五）年生まれの久米村人。先祖は福建省出身、永禄八（一五六五）年、中国国子監（かつての中国最高学府）に学び、中国帰化人子孫で最初に琉球王国の総理（三司官）に就任した。ところが親中反日の政策を遂行、ついに秀吉に反旗を翻したため薩摩の侵攻を受け、処刑された。

詳説すると、豊臣秀吉は文禄の役の前年天正十九（一五九一）年に、薩摩藩を介して琉球に出兵を促した。薩摩藩はこの時、琉球兵の戦闘能力を疑問視しており、王府に対し、「七千人分、十カ月分の兵糧だけを送られたい。また名護屋城築城に向けては、金銀米穀で助成されたい」と伝えてきた。驚いた謝名は明国にこの情報を通報したのである。

文禄五（一五九六）年、明皇帝神宗が秀吉を郡王、すなわち皇帝の孫の位《くらい》に叙《じょ》するとして、中国皇帝へ謁見する際の官服を贈ってきた。しかも、この前後に琉球王へも同位の位階と官服を贈った。謝名から見れば、日本と琉球は対等であると錯覚したことであろう。

さらに明王は慶長十一（一六〇六）年、尚寧王に冊封を授け、琉球王の序列を引き上げた。すると謝名はこれに慢心し、薩摩の使節を侮辱したのである。

鹿児島県史によれば、琉球は七千人分の兵糧の半分を納めたものの、残りは薩摩に負債があるままで国交を断絶。しかも、その後、琉球船が難破し奥州に漂着したため、幕府は薩摩に命じて琉球に送還させたが、王府は何の返礼もしなかった。

慶長十四（一六〇九）年、薩摩軍は那覇港入口の強力な南北両砲台を避け、沖縄本島北部の運天港に上陸し、陸路南下して一気呵成《いっきかせい》に首里城に侵入した。薩摩に最後まで敵対した琉球の最高実力者である謝名を連行したが、徹底して反抗したため斬殺した。そして島津家久は、尚寧王以下百余名を江戸や駿府《すんぷ》に帯同し、将軍秀忠、徳川家康に拝謁させた。こうして島津は幕府より琉球太守を任せられた。

我が国が冊封体制下だったのは足利義満の時代だけで、それ以外は華夷秩序《かいちつじょ》をことごとく否定してきた。また国家体制も中国、朝鮮、琉球が官僚指導型の国家であったのに比べ、幕藩体制を維持し、国家としての独立を維持してきた。謝名にはこの分析が欠落していたのであろう。

❖中国帰化人に支配されていた琉球王国

琉球王府は国際情勢を分析できないばかりか、内部にはもう一つの危機をはらんでいた。支那党（主に久米村人で形成）による日本党への弾圧である。日本党には傑出した人物もいたが、彼らにことごとく抹殺された。

安政六（一八五九）年には日本党の粛清が行われている（牧志《まきし》・恩河《おんが》事件）。

中国勢力により御物奉行（財務大臣相当）の恩河朝恒《ちょうこう》（中国名：向汝霖《しょうじょりん》）は収賄や国王廃立の謀反容疑で、牧志朝忠《ちょうちゅう》（日帳主取役、異国船関係を扱う役所の次官クラスの名称）とともに拘禁された。それぞれに拷問が加えられ冤罪《えんざい》を強要される。翌年、牧志が自白したとされ、牧志は久米島に十年の流刑、恩河は宮古島に六年の流刑が確定した。ところが、恩河は間もなく、拷問が主因で衰弱死した。

一方、牧志は島津に救出され薩摩に海路で向かったが、本島北部海域で投身自殺したとされている。これも久米村人子孫による謀殺説が根強くある。牧志は島津に語学力を評価され、藩士に登用されることになっていた。享年四十四歳であった。ペリーの『琉球訪問記』にも通訳として登場する人物でもある。

十七年後の明治九（一八七六）年にも同様な事件が起こる。明治五（一八七二）年七月、王府は王政復古の奉賀のため伊江王子の朝直（尚健）、副使三司官の宜湾朝保《ぎわんちょうほ》（向有恒）、その他随員三十名を東京へ派遣した。

この時、我が国は一行に国賓待遇の歓迎を行い、政府から貴重品及び金三万円（現在の約五百六十億円）、さらに東京内に邸宅（現在の都立九段高校敷地）を下賜している。

また、天皇は歓迎のため吹上御苑に召されてお歌会を催された。そこで宜湾親方（親方とは王族以外の王府役人最高位）が「水石契久《すいせきちぎりひさし》」という御題に対して、「動きなき御代を心の巌が根

に　かけて絶えせぬ滝つ白糸」という歌を詠み、この日の感動を「古への人にまさりてうれしきは　此の大御代にあへるなりけり」とも詠んだ。天皇も含め参列者は宜湾の才能に驚嘆したのである。

宜湾は薩摩出身の歌人である八田知紀に師事し、『琉球語彙』を著して『古事記』や『万葉集』を引用し、琉球語の語源が日本語と同一であることを指摘して日琉同祖論をかねてから主張していた。宜湾はこの時、祖国へ還った実感をしみじみ味わったことであろう。なお従来の王府による江戸参りは中国式の服装であったが、この時から琉球衣装に替わっている。

ここで日本流の名前に「朝」の文字が使用されていることに注目すべきである。琉球の王は源為朝《みなもとのためとも》が沖縄に流れ着き、地元の女性ともうけた子が初代の琉球王となったという伝説が戦前、語り継がれていた。為朝にあやかりたいという願望から「朝」の字を名前に引用したのだ。

ところが、久米村人や王府の支那党は一斉に反発。特に天皇が「国王の尚泰を琉球藩主となし、華族に列する」と発言されたことから、日本から冊封を受けたとして宜湾親方を漢奸《かんかん》（中国に対する反逆者）と批判した。そして三司官の公職から追放された宜湾は迫害を受け、それから四年後、明治九（一八七六）年にこの世を去っている。享年五十四歳、これには明治政府も驚愕した。牧志も宜湾も長命していれば廃藩置県後の沖縄近代化にいかに寄与したことであろうか。

一方、王府は薩摩侵攻以降、那覇に設置された在藩奉行を対中外交で利用した。対明国外交上、薩摩のプレゼンスを活かして交渉するようになる。明国は文禄・慶長の役で薩摩軍と対戦しており、その勇猛な戦いぶりに、「鬼石曼子《グイーシーマンズ》（鬼島津の意）」と呼び大いに恐れていた。王府は薩摩藩士の心象を良くするため、彼らの子を宿した地元女性は平民であれば一族を直ちに士族に引き上げた。以後、薩摩を「御国元《おくにもと》」と称し、幕府への取次ぎの一切を依存するようになった。

一方、慶長十四（一六〇九）年、那覇に薩摩藩奉行が設置された頃、現在の鹿児島県庁近くに琉球館が建設された。建設目的は「薩摩・琉球間の連絡調整機関」とされたが、実際は約二百人の琉球王府の官吏《かんり》や芸人が務め、毎晩、宴が催され薩摩藩重役を接待していたのである。同館館長の力量は薩摩藩から、いかに多くの借金をするかで手腕が試された。琉球の薩摩藩依存体質は廃藩置県後から沖縄戦まで続き、昭和の代に入ってもなお、沖縄の政財界のほとんどが、鹿児島勢力の配下に自ら進んで入ったのである。

明治二十七（一八九四）年八月には日清戦争が勃発。久米村人たちは徒党を組んで神社仏閣に参拝し、公然と清国の勝利を祈願した。ところが清国が敗北し、明治三十一（一八九八）年一月に徴兵令が施行されると久米村人の一部は福建に逃亡。明治三十二（一八九九）年、『大阪朝日新聞』に「琉球人、福州に寄食す」という見出しで批判されている。

この翌年六月には北京の日本大使館員が清国兵に殺害され、また義和団が公使館区域を攻撃する北清事変が発生しており、国民の対中観は硬化していった。これに伴い沖縄県民への国民感情にも影響を与えていった。

大正時代になると彼らの影響力は消滅する。文化の影響は日頃使われる言語に大きな影響を及ぼす。県出身方言国語学者の奥里将建《おくざとしょうけん》は、「あれだけの帰化人が居り、また支那との交通も頻繁に行われて居りながら吾らの言語に大した影響も与へず却って外国語程の勢力もなく辛うじて名詞位の中にも余喘を保って居るとは実に珍現象ではあるまいか」と断じている（『沖縄朝日』大正十五〈一九二六〉年二月五日）。

一方、廃藩置県以降、中国に逃亡し残留した支那党は日本への恨みを残していた。これに着目したのが米軍諜報機関であった。沖縄戦直前、沖縄に帰省させて日本軍の配備情況を調査させた。平成二（一九九〇）年六月に発刊された『沖縄戦こぼれ話』（月刊沖縄社）には、スパイとして林興徳という名前も出てくる。林の父親は支那党に属した経歴があり天津《てんしん》で事業を営んでいたという。

2 島ぐるみ闘争の虚実

前述したが、前知事の仲井眞氏は「米軍基地はすべて銃剣とブルドーザーで威嚇されながら建設された」と発言していた。翁長知事も、「沖縄の米軍基地は、県民が望んで建設されたものは一件もない」と公言している。

さらに翁長知事と日本共産党を主とする後援団体は、普天間基地県内移設のための辺野古沖埋め立て工事を「新基地建設だ」として反対し、「オール沖縄」を標榜しながら、翁長知事を瀬長亀次郎のイメージとだぶらせている。その原点を一九五〇年代に起こった「島ぐるみ闘争」に求めている。だが、果たしてそれは本当に「島ぐるみ」であったのか？

昭和三十（一九五五）年より、沖縄は米海兵隊主力の移駐に伴う第二次基地建設ブーム（約四千二百万ドル）が起こる。沖縄の景気は朝鮮戦争直後に起きた第一次基地建設ブームが終了し一服していた。このため沖縄財界は色めき立った。

第一次基地建設ブームは旧日本軍基地、つまり日本の国有地を使用したため住民との間には土地問題はほとんど発生しなかった。ところが第二次基地建設ブームは主に民有地を接収したことから賃借形式、地料等の件で一部住民の反対を受けた。

昭和二十九（一九五四）年一月七日、アイゼンハワー大統領は沖縄基地の無期限保持を表明。既述したが、米国民政府民政副長官のオグデン少将は、三月十七日には海兵隊用地としての新規接収プランを発表する。ここで地代の一括支払いによる軍用地（地上権）に永代借地権を確保すると発表した（プライス勧告）。

米極東軍司令部は昭和二十六（一九五一）年、接収予定農地の所有権確定作業を開始すると同時に、土地評価を行った。そして地代を戦前の農業生産高をベースに収益還元法で算出、土地評価価格の六%に地料を設定したのである。米国民政府は戦前の農産物生産量を基準に算定した。

なお、このとき接収予定地の四割が農地、五割が山林であった。そしてこれを一括払いによる限定付土地保有、すなわち米軍が使用権を放棄するまで半永久的(最長九十九年)に米軍が保有すると発表したのである。

ちなみに米軍提示の地料は都市地区で坪千五百六十二B円、本島中部地区で坪百七十三円五十六銭とされた。ところが当時沖縄は地価が急上昇しており、那覇などの都市地区、特に商業地域では坪二万B円、その他の地域でも六千B円から一万B円をつけていたのである。

ここでB円について解説すると、我が国は昭和二十(一九四五)年から昭和二十五(一九五〇)年にかけて、日銀券の発行高が約七・六倍、五百五十四億円から四千二百二十億円へ拡大、小売物価指数も三・一%から二二三九・一%を超え、ハイパー・インフレが発生していた。対照的に当時沖縄では薬品や食料品など米軍の物資が民間地域にもふんだんに流通。本土のブローカーはこれに着目し、沖縄近海に船を進めて物資を調達し本土で高値で売りさばいていた。要するに密輸が横行していたのである。また、本土から帰還する県出身者たちが多額の日本円を持ち込んでいた。

そこで在沖米軍政府はこの密輸とインフレ伝播《でんぱ》を阻止するため、昭和二十三(一九四八)年に沖縄域内の通貨をB型軍票(B円)に統一したのである。

レートは、米ドルにリンクさせて「百二十B円＝三百六十B円」とB円三倍高に設定した。資源もなく、戦前より主食のイモでさえ本土からの移入に依存していた沖縄にとって、インフレ抑止が最大の課題であったのだ。

なお、この総量は米軍政府の保有するガリオア・ドル資金（占領地域救済政府資金のこと）に連動したため、域内の物価は本土に比べて極めて安定していた。そして昭和三十三（一九五八）年から昭和四十七（一九七二）年の本土復帰まで域内通貨は米ドルへ統一された。

話を戻そう。

戦前、那覇地区でさえデフレスパイラルで地価は低迷し、坪一銭でも買い手がつかなかった。農民が税金の支払いに困り、酒を持って「土地をもらってくれぬか？」と、近所を回った逸話さえ残っている。

戦後の沖縄の地価は基地経済と人口急増によって空前の地価上昇を招いていた。したがって地権者の一部は米軍提示価格を不服として用途変更に伴う損害補償費、及び移住補償費の加算を要求した。そこで琉球立法院（今の県議会）は昭和二十九（一九五四）年四月三十日、次の四項目を全会一致で可決、在沖米軍の新規接収に反対を表明した。いわゆる「四原則」である。

一、米軍用地借料の一括払い反対

二、地料引き上げ
三、用途変更による被害賠償
四、新規接収反対

米極東軍司令部は困惑した。これらの決済権限は米国議会にある。そこで米極東軍は沖縄住民と米国議会の板挟みにあった。そこで昭和三十(一九五五)年六月八日、比嘉修平琉球政府主席を米国下院軍事委員会公聴会に招聘した。比嘉秀平主席(初代主席)はそこで四原則を主張した。

一方、米国は昭和三十年一月、南ベトナム、カンボジア、ラオスなど旧仏領印度支那三カ国に直接援助を開始しており、もはや基地建設の停滞は許されなかった。

この年三月、米軍は、海兵隊用地として本島中部の水田地帯である伊佐浜地区の強制接収を始めた。これにより面積十三万坪の農地と、三十二世帯が消滅。この時はまさに「銃剣とブルドーザー」と比喩されるほど手荒いもので、警察でも「米軍からの出動要請が来たら辞表を提出する」という警官も少なくなかったという。ところが強制接収の真相が最近、発見された資料から判明した。

地権者たちが軍に、坪百円当たり(総計一千三百万B円)の生活資金を要求するなど法外な立ち退き料を請求した。これは、現地軍の決済権限をはるかに超えていたのである。また立ち退き反対派は、伊佐浜集落農家八十一戸の引っ越し予定代替地が私有地であるため、永小作権の保証や賃借料値上げ等の懸念を表明していた。

琉球政府は彼らを説得し四十二世帯はこれを承伏したものの、残る三十二世帯が最後まで反対していた。米軍はそこで強制排除にかかったのだ。現在、同地区は「米海兵隊キャンプ・フォスター」の名で補給施設として使用されている。

那覇など都市地区では、教職員と沖縄人民党の左翼二大勢力が四原則貫徹運動を盛り上げる。佳境に達するのは昭和三十一（一九五六）年六月九日以降である。米民政府は、この日、米国議会による四原則全面否定を沖縄住民に公表。

それ以降、朝日、読売などのメディアやラジオが連日沖縄の土地闘争をワシントン電、政府情報として報道（放送）したため国民の関心も高まった。

この騒乱を、画家の山里永吉は次のように回顧している。

「琉球政府も、立法院も、新聞もまるですべての沖縄人が地主であり、すべての沖縄人の土地が軍用地になっているような騒ぎであった。その所有する土地が一部でも軍用地に接収された農民は不幸であるというような宣伝もあったが、その結果はいったい誰に莫大な恩恵をもたらしたであろうか」（『今日の琉球』昭和三十六〈一九六一〉年十月より引用）

ところで、わが国が独立して六年後の昭和三十二（一九五七）年六月、岸信介首相は訪米し、

一、沖縄の潜在主権の確認
二、日本本土からの米地上軍の撤退
三、安保条約検討の日米安保委員会の設置

など三項目を要請し、昭和三十五（一九六〇）年の安保改定に向けての準備にとりかかった。特に地上軍の撤退に関しては、昭和三十二年一月三十日、群馬県相馬ヶ原の米軍演習場に空《から》薬莢《やっきょう》拾いに来ていた主婦が米兵に射殺された事件（ジラード事件）が大きく影響していたのである。なお、第一回安保改定の問題点は独立国としての自主権の回復が主眼であり、内容は以下の通りである。

一、米国の日本防衛義務規定の明確化
二、米軍による在日米軍基地の使用、核兵器を含む配備・装備の事前協議制の設定
三、米軍による日本国内内乱発生時の鎮圧規定の廃止
四、同条約と国連憲章五十一条約との関係明確化
五、同条約の期限、及び改案の手続規定の明文化

そこで安保改定の最重要課題として事前協議制の設定が沖縄の戦略的地位を一層高めることになった。

❖冷戦下の沖縄

米国は、昭和三十二年八月に第三海兵師団を日本本土から沖縄へ移駐させた。運用的見地から安保条約の適用外である沖縄が有利であったことは言うまでもない。この年の八月、在日米軍司令部は、日本本土からの米地上軍の撤退開始を発表、昭和三十三（一九五八）年二月には完了する。ちなみに、米海兵隊は戦後、米本国に一端帰還したが、スターリンが北海道の東半分の割譲をＧＨＱに要求していたため、岐阜に駐屯させていたのだ。

なお、昭和三十五年二月十二日、藤山外相は衆議院予算委員会で、「沖縄へ移動後の在日米軍の行動は事前協議の対象外」と述べている。

この結果、昭和三十二年当時、使用中の沖縄の米軍用地四万二千九百五十三エーカーに加え、第三海兵師団の移駐で、さらに約四万エーカーの土地（丘陵地帯を含む、平地は一万二千エーカー）が必要となっていた。

岸首相は、沖縄返還への国民世論の高まりと、安保改定への国民的合意の醸成という相反する事象に直面していた。ただ、当時のマスコミや左翼政党が、沖縄米軍基地の機能、米軍政の実情を国民に理解させることなく、ひたすら沖縄返還と、在沖米軍兵士による事件、事故の報道に偏向した動きを見せていた。その結果、現在の沖縄問題の原因を作る遠因、起点となった。しかし、昭和三十一（一九五六）年以来、昭和三十七（一九六二）年までに国会における沖縄返還決議は四度を数えていた。

では、昭和三十年代の冷戦の実態はどうであったのか。

中国共産党は、すでに昭和二十八（一九五三）年発行の教科書『現代中国簡史』に沖縄、台湾を「自国領」と明記している。

昭和三十（一九五五）年七月、世界の著名な学者がロンドンに集まり、核戦争勃発の危機に警告を発していた。昭和三十二（一九五七）年八月、ソ連はＩＣＢＭ（大陸間弾道弾）の発射実験に成功しており、米国はこれに約三カ月間遅れをとった。加えて十月にはソ連が人工衛星スプートニク一号の打ち上げに成功、信号を発しながら米国上空を通過するや、米国民はパニック状態に陥り、学校では空襲避難訓練まで実施された。

米ソは熾烈な軍拡競争下にあったのだ。

昭和三十二年二月、ソ連国防省機関紙『クラスナヤ・ズベズタ』は、「沖縄は米国の原爆基地」と論評しており、沖縄米軍基地は中ソに対し大きな抑止力となっていた。

では、当時沖縄の民衆は、こうした米ソの対立の下、どうしていたのだろうか。

昭和二十八（一九五三）年七月、朝鮮戦争が休戦し、灯火管制も終了、住民にも安堵《あんど》の色が見えた。昭和三十五（一九六〇）年十月八日には地元紙『沖縄タイムス』と琉球放送が共催して軍事評論家で日本唯一の核戦略家、大井篤《おおいあつし》（元海軍大佐）を招聘《しょうへい》している。大井はこのとき、「東西の対立と沖縄」と題して講演を行い、「米国のプレゼンスが存在する沖縄は一番安全な地域」と強調し、「局地戦争に決して巻き込まれる心配はない」と結論した。沖縄県民の多くも、その主張に納得していた。

当時、四原則完徹運動において、いわゆる四者協議会が結成されていた。行政府、立法院、市長・村長会、土地を守る総連合会がその構成メンバーである。この闘争は約四年半、昭和二十九（一九五四）年四月より昭和三十三（一九五八）年十一月まで続いた。

✣プライス勧告と「四原則」

ところが、開始から二年が経過した後、米軍との確執が続いたことから昭和三十一年後半頃から地元経済は低迷したばかりか、四原則推進の筆頭、比嘉主席が同年十月二十五日に急逝し、その推進派はパワーダウンした。

当時、主席は米民政府が民意や立法院議員の意見を斟酌《しんしゃく》しながら民政長官（同年七月五日以降は同高等弁務官）が指名するシステムであった。

沖縄財界は琉球銀行総裁の富原守保を筆頭に、当間重剛元那覇市長を推薦した。当間はかつて大政翼賛会沖縄県支部長で、徹底した反共主義者ではあったが、「沖縄独立」を口上する傾向にあった。

その当間にいわゆる大命降下、同年十一月十一日に行政府主席に就任、昭和三十四（一九五九）年十一月十日まで三年間在任した。当間は、四原則貫徹運動を就任二年後の昭和三十三（一九五八）年十一月二十六日に収束させた。

昭和三十一（一九五六）年六月十七日、在京の沖縄軍用地問題解決促進委員会（会長・伊江朝助）、沖縄問題対策委員会（会長・戦前第二十代沖縄県知事・淵上房太郎《ふちがみふさたろう》）から軍用地連合会（桑江朝幸会長）宛てに次の激励電報が届いている。

「鳩山（一郎）総理、重光《しげみつ》（葵《まもる》）外務大臣に対する十二日の立法院要請決議書が、十六日促進委員会代表より田中副長官、中川アジア局長を通じ、手交（手渡し）の上、一括払い阻止方につき強く折衝方に要請した。

政府はプライス勧告に対する駐米大使からの公電あり次第、米政府に紛糾する沖縄の事情を伝え、円満解決方を要請することになった。当地各紙は大々的に報道し、且つ連日ラジオ放送を続けている。行政府、立法院、市町村長会、土地聯合会の総辞職決定は事態が最悪になったことを強く印象づけ、沖縄としてさもあるべき態度として同じように世論の支持を受けている。一糸乱れざる体制を持って民族の意志貫徹を要請する。世論いよいよ高まりつつある」（『沖縄タイムス』昭和三十一年六月十八日朝刊より引用）

米国民政府は「立法院が総辞職すれば直接統治も辞さず」と発言、結局、総辞職は行われなかった。このため皮肉にも沖縄地権者たちは国民世論を味方につけたばかりか、混乱に乗じて当間の主席就任で空席となった那覇市市長に共産党出身者が当選した。

そして約四年に亘る交渉のあと、米国民政府は借地料と支払い方法で大きく譲歩した。従来この期間を「島ぐるみ闘争」と言われ、現在では沖縄住民が一丸となって基地反対闘争を展開したかのように喧伝されているが史実は異なる。

後述するが、本島北部の村では米軍の当初の提示条件を飲んだ上で、基地誘致運動を展開していた。当時の地元紙は今と違って第三海兵師団の移駐に際して好意的な表現さえしており、住民の間では「米琉親善」が盛んに唱えられている時代でもあった。

ただ、土地闘争に乗じて共産党（人民党）が勢力を伸長したのは事実である。

本土では、米軍による伊江島、伊佐浜（宜野湾）の土地強制収用の情況が大々的に報じられており、昭和三十一年七月四日には、都内で超党派の国民集会が催され、「沖縄問題解決を政府に要求する」ことが決議された。七月八日には、参議院議員選挙があり、各党ともこの問題を取り上げ、得票に結びつけようとした。従来、政府や国民は、沖縄で発生する基地問題は「米国への内政干渉にあたる」とコメントを控えてきたが、本件は「領土権の侵害」としてメディアが喧伝したため、国民の関心は高まっていた。

沖縄ではこれに呼応して七月二十八日、那覇で「四原則貫徹県民総決起大会」が開催された。

主導は沖縄人民党の瀬長亀次郎であった。瀬長はこの土地闘争を党勢拡大の起爆剤にしようとしたのである。基地問題に乗じて世論をリードするという手法は、今の翁長知事を彷彿《ほうふつ》させる。

ところで、この時期沖縄には、すでに日本共産党の下部組織が編成されていた。日本共産党中央委員会の下部に国際平和親善部があり、さらにその下に沖縄対策部、沖縄県委員会があった。さらにその下部組織（実動部隊）として北部地区委員会、中部地区委員会、那覇地区委員会、南部地区委員会があり、各委員会の中に居住細胞、職場細胞が存在し、毎月百名程度の党員が組織活動を行っていたのである。活動資金は日本共産党、さらに背後には中国共産党がいた。

那覇地区は人口と琉球政府の官公庁が集中しており、当時は貧富の差も拡大し、一般労働者や学生の間では人民党書記長の瀬長は絶大な人気があった。

そこで米軍は将兵に外出禁止を命令した。打撃を受けたのは本島中北部の宜野湾、コザである。同地域は米軍相手のサービス業が主な財源であり、経済的打撃は大きかった。中北部では、住民が進んで農地をつぶして米兵向けの歓楽街（コザ市越来、及び宮里地区）を建設している。本島北部の寒村久志村（辺野古）基地誘致運動さえも本格化していた。

立法院も満場一致で四原則を可決したとはいうものの、各政党は次第に意見が二分され、賛成と反対に分かれて侃々諤々《かんかんがくがく》、土地を守る総連合会も同様に分裂、総会ではコップの投げ合いまで生じる修羅場となった。後述するが本島北部の久志辺野古地区では七十八万坪の新規契約がなされており、これに隣接する金武村《きんそん》も海兵隊誘致運動が生起していた。

✣四原則貫徹運動は崩壊する

一方、本土では参議院議員で元海軍大将、元駐米大使の野村吉三郎自民党沖縄問題対策特別委員長が、米国政府、及び米軍に善処を申し出ていた。野村は、昭和三十一（一九五六）年六月二十八日付の『東京新聞』に次のような談話を発表している。

「今、沖縄は米国の信託統治になっているが、主権は日本にあるし、住民は同胞日本人だ。それに沖縄は太平洋戦争で一番の激戦地だ。学生も、女の子も日本のために戦って殉難《じゅんなん》している。この行為に対し我々は心から感謝し、全力をあげて応援しなければならない。（中略）プライス勧告では『一時的に借料を払い、永久的に接収する』というが、これでは現地住民が反対するのも無理からぬことと思う。（中略）

私が一番心配していることは、この問題が反米運動に利用されはしないかということだ。東洋の安定はソ連、中国に対抗し日米両国が協調してゆくことによってのみもたらされる。（中略）

私はとくに妙案をもっていないが、幸いなことに米国人の間には私の〝顔〟は知られているから、親しい米国人に会って、問題の解決をはかることが比較的楽にできるかもしれぬ。必要とあれば（ディーン）アチソン元国務長官にでも、だれにでも会うつもりだ」

ところで、昭和三十一（一九五六）年一月には日ソ交渉がロンドンで再開され、三月には領土問題で行き詰まり、休会となっていた。外務省は、沖縄問題と北方領土問題をリンクさせようとしていた。

重光外相は六月、アチソン元国務長官に口頭で沖縄の土地問題を取り上げ善処を申し入れたところ、米国は次の見解を表明した。

「日本外務省提案（①沖縄での米軍の永代借地は日本の領土主権を犯す、②南千島返還を実現するため沖縄、小笠原の返還をまず実現すべきだ）について、国務省当局者は『永代借地権が日本の領土主権の侵害とは考えない。（沖縄返還問題と北方領土問題をリンクさせる案については）沖縄、小笠原は条約による取り決めだが、南千島の帰属は条約で規定されていないから問題の性質が全然違う。このことを結びつけるのはおかしい』」（昭和三十一年六月二十三日　ワシントン共同）

昭和三十一年七月十二日、政府は衆議院法務委員会に沖縄代表三人（立法院議員二人、市長一人）を招致し、土地問題について質疑を行った。

本土では、昭和二十八（一九五三）年に映画『ひめゆりの塔』（監督・今井正）が大ヒットしており、沖縄戦で県民が見せた帝国陸海軍への献身的な協力に、国民は否が応にも沖縄住民への同情心を持つようになっていた。しかし、四原則貫徹運動は辺野古地区で七十八万坪の新規契約が成立したため完全に崩壊する。

昭和三十二（一九五七）年当時、四者協議会の中心的役割を果たした土地を守る総連合会事務局長の桑江朝幸は次のように回顧している（桑江朝幸回顧録第四十回／『沖縄タイムス』平成三〈一九九一〉年二月二十四日付）。

①当間重剛主席（琉球政府行政府主席）は一括払いの推進者である（主席は一括払いで約四百五十億円〈日本円〉が沖縄に投下されると試算し、これをドルに換えて日本政府に貸し付けると発言していた）。

②経済界は一括払い推進の団体結成に懸命になっていた。なお同年二月二十八日付第四十四回連載には「琉球銀行の営業職員が桑江宅を訪ね、『一括払い受け取りになぜ反対するのか』と暴言を吐き暴れまわって家族は度々避難した」という記述がある（註：琉球銀行総裁の富原守保は「この資金で海運業やその他の投資に向ける」と発言しており、当行は一括払い受け取りを積極的に推進した）。

③久志村辺野古の新規接収に対し、地主の八〇％が自ら進んで米軍と契約している。（新規接収に関し）DE軍関係者（註：米軍工兵隊）が直接地主と折衝し、市町村長や琉球政府は無視されている。

四原則推進勢力からすれば、キャンプ・シュワーブの完成の関係式典は救い難いほどの衝撃となった。そのため報道を妨害または工作をしている。

❖瀬長市長のリコール騒動

ところが、ここに衝撃的なハプニングが起こる。

昭和三十一（一九五六）年十二月二十五日、当間の後継那覇市長に沖縄人民党書記長の瀬長が当選したのだ。原因は保守の分裂にあった。また共産党（人民党）の細胞活動が効果を発揮していたのである。米国政府はこの結果に衝撃を受けた。この二十三日前にキューバでカストロ率いる革命派も蜂起《ほうき》していた。

米国民政府としてはなんとしてでも瀬長をリコールしたかった。ちなみに瀬長の得票数一万六千五百九十二票、保守の仲井間宗一《なかいまそういち》は一万四千六百四十八、同じく保守の仲本為美は九千八百二票であった。瀬長は、昭和二十五（一九五〇）年、沖縄群島知事選挙に出馬するが、当選者の一割にも満たない得票数で落選。次回昭和二十七（一九五二）年第一回立法院議員総選挙では、最高得票数で当選を果たす。同選挙後に開催された琉球政府創立式典で瀬長ただ一人が米国へ忠誠を誓う宣誓を拒否した。米国民政府は公に好ましからざる人物として対応するが、この間、共産党員であることを一般には一切秘匿し反米市民活動家としての立場をとっていた。

瀬長は昭和二十九（一九五四）年十月、犯人（沖縄へ密航した奄美共産党員）隠匿の罪で沖縄刑務所に収監されたことがある。その際、十一月と十二月に刑務所内で大規模な暴動事件を起こしており、昭和三十一年四月の出所の際にも、「出所祝い」と称して市民約五千人が参加したとされる。まさに反権力のカリスマ的存在であった。

現在、瀬長の生涯は左翼勢力によって誇張される傾向にある。対照的に米国民政府が一方的に瀬長を弾圧したかのように報じられているが、当時本土における日本共産党による破壊活動と対照して分析すべきであろう。

米国民政府は共産主義の脅威とその代理執行者を警戒していたのであり、沖縄住民を敵としていたのではないのである。

一方、米国民政府は沖縄を東洋における米国統治のショーウィンドーにすべく那覇市をニューヨークのマンハッタンに似せた近代都市への建設計画をプランニングしていた。このため名古屋の再開発を実施した関係者を招いて那覇市近代化を推進させようとしていた。

ところが瀬長を筆頭とした人民党勢力がこの動きに抵抗。彼らは市議会で「道路を拡幅《かくふく》すれば戦争で飛行場として利用される」「橋は戦車の通過を妨害するため湾曲させるべき」と時代錯誤な主張を繰り返し、折角のプランは取り止めとなった。

瀬長の施政にも公私混同が露呈した。『沖縄新聞』（昭和三十二〈一九五七〉年十月十三日）には次の記事がある。

那覇市会行政監査特別委員会委員長の大山盛幸議員が瀬長による情実人事を批判している。大山委員長は「瀬長市政は独裁政治であり、革新政党（左翼政党）の矛盾を露呈した植民地的人事である」と前置きしながら、

①市職員幹部級の給与が勤務年数の古参者より新採用の者（瀬長派）に高額支給されている。
②職員採用に関し市条例による公正な競争試験による採用を無視して故意に外部から採用されている（共産党員と思われる）。

昭和三十二年七月に人民党、教職員会が中核となって、民主主義擁護連絡協議会、いわゆる「民連」が結成された。趣旨は権力と金力の排除、祖国復帰、四原則貫徹であった。これに対抗して保守系政治家や財界人が結集し那覇市政再建同盟が結成された。

同年十月十二日、同盟の集会が開催された。所属議員十七名、各種団体代表百余名が出席し活発な議論が交わされた。この時、転向した元奄美共産党幹部の畠義基が日本共産党の細胞組織を暴露している。

そして「組織に対抗するには組織が必要である」と強調、強力な組織によって反共運動を展開するため、二十一名の委員を挙げて設立準備委員会を結成、地方自治法の改正によって瀬長

リコールの途を開く運動を提唱した。

当時、会議の話題は、「人民党を中心とする与党議員のとった欠席戦術で市政は極度にマヒ、混乱状態に陥っており、事態収拾の具体的対策を見出そう」と議論された。仲宗根市議の司会で行われ、「現行の与野党議員の構成比では不信任はできない状態にある、那覇市政が完全に停止した場合の事態を考慮して、その打開方法を見出す具体的対策について意見を求めたい」と挨拶した。

仲宗根は、「那覇市政は瀬長の個人経営の那覇市商店であるかのような観を呈している」とまで発言している。

米国民政府はこれを受けて市町村自治法を布令で改正し、市長リコールの条件を出席議員の三分の二以上から過半数に改め、破廉恥罪を犯した者の被選挙権を無効とした。この結果、昭和三十二年十一月に、那覇市議会が十七対〇で、瀬長市長の不信任案を可決、瀬長は市長をリコールされた。

✣二分される世論

ところが、この時、住民の世論も二分される。

昭和三十一（一九五六）年十二月二十八日には、那覇市役所部課長全員が「共産党市長には協力できない」と、辞表を提出、翌日には沖縄財界三千人が瀬長に非協力声明を発表した。

これに対し、人民党や沖縄教職員会が瀬長支持を表明した。

昭和三十三（一九五八）年一月には、民連推薦の兼次佐一《かねしさいち》が瀬長の後継として当選する。結果、民連ブームが拡大し、昭和三十六（一九六一）年十一月には、糸満市長選で人民党、民連推薦の上原亀一郎が当選。

これを北京放送が取り上げ、翌昭和三十七（一九六二）年七月にはソ連機関紙『イズベスチヤ』が米国の施政を批判した。

しかし民連の重鎮であった兼次が人民党と距離をおくようになったため、ブームは一過性に終わった。

一方、米国政府は、日本政府からの要請と瀬長市長当選の結果、沖縄問題収拾にかかっていた。昭和三十二（一九五七）年六月五日、米国大統領行政命令が発せられ、「沖縄住民の福祉、及び安寧の増進のため全力を尽くし、住民の経済及び文化的向上を絶えず推進せよ」と公表された。

昭和三十三年六月十日、ラッキー米陸軍長官は当間重剛主席ら沖縄代表六人を軍用地問題打開のため米国へ招待し意見を聴取、約二カ月経過した七月三十日、一括払い取りやめを発表した。約四年四カ月に亘った軍用地問題は米国の譲歩で解決したのである。

昭和三十三年七月三十日、土地闘争が起きて四年三カ月の後、高等弁務官ドナルド・P・ブース陸軍中将は、「地代一括払い取り止め」の発表を行う。

同時に、以下二項目を正式表明した。

一．軍用地料は昭和三十一年提示の六倍引き上げ

二．借料は原則毎年払い（希望者は十年分の前払い）

ともあれ、沖縄は昭和三十年代前半よりイデオロギー論争に明け暮れ、戦前のように労働争議も頻発し、住民は生産性の拡大よりも、いたずらに政治闘争に終始するようになる。この頃、本土では国民の懸命の努力により経済復興がなされており、昭和三十一年七月十七日、経済白書は、「もはや戦後ではない」と規定している。対照的に沖縄は、廃藩置県直後のような非統制社会に陥りつつあった。

同年二月十六日の『琉球新報』（私の意見）には、前原地区警察署の大田朝信が「犯罪の実態について」と題し、「琉球の犯罪率は日本で一番犯罪の多いとされている東京よりも、三割四分多いと言われている」と強調している。

一方、昭和三十三年より土地問題が解決した結果、約五万七千人の地主に総計二千四百六万ドルの地代が支払われた。地主一人当たり年間平均四百二十五ドルの地代を受け取ることになる（当時六百ドルあれば平均的住宅が建設できた）。

加えて多くの地主が基地従業員として就職しており、一人当たりの受取額は優に五百ドルを

超えた。ちなみに昭和三十九（一九六四）年四月時点で、わが国の海外渡航時の持出限度額が五百ドルであったことから、ドル受取の相対的価値が理解できよう。

このため、一九五八年会計年度（米国式　昭和三十三〈一九五八〉年七月より、翌昭和三十四〈一九五九〉年六月まで）は、経済成長率五・九％を記録、地主の中には東京の不動産に投資する者が続出した。

昭和三十三年九月、沖縄域内の通貨はB型軍票より米ドルに統一されており、当時の実勢レートは一ドル三百六十円から四百円というドル高であったため、これを背景に沖縄の消費性向はさらに上昇していく。

地主にとって、ここで二重の幸運が訪れた。米軍政府は昭和二十五（一九五〇）年四月、特別布告三十六号「土地所有権証明」を公布していたが、あくまでも自主申告制であったため、多くの地主が所有面積の数倍を申告していた。

中には土地を所有していないなかったにもかかわらず、虚偽の申告をしている者も少なくなかった。皮肉にも沖縄戦時、域内ほとんどの土地台帳が消失（焼失）。戦前沖縄の農地の七〇％以上に抵当権が設定されていた。これでデフォルト（債務不履行）になったのである。

戦前沖縄は唯一の産業であった農業が振るわなかった。自然条件が農業に不向きで、かつ地質も痩せていた。そこで農民は高利貸しから農地を担保に借金して支度金を作り、移民として各国へ出ていったのである。

戦前沖縄の人口はピークで五十九万人（昭和十二〈一九三七〉年）であったが、この軍用地問題が決着したとき人口はすでに八十万人を超えていたのである。日本政府はこの米国の譲歩に感謝を表明した。

軍用地借地料はその後うなぎ登りに上昇する。昭和四十七（一九七二）年、沖縄の施政権が日本に返還された際には昭和三十四年当時の六倍に上昇、さらに平成二十六（二〇一四）年度は、本土復帰年度の九・二倍に上昇している。現在も年平均五％前後で価格上昇を続けている。

本島基地周辺の歓楽街には「日本人立ち入りお断り」の看板を立てる業者もいた。米兵はチップを置いていくが、日本人観光客はチップどころかドルを節約しながら飲食さえ控えていたからである。

前出の山里は、「戦前朝早くから夜遅くまで働いていくらにもならなかった農民たちが、今は金持ちになることが簡単なことをむしろ驚いているのではあるまいか。戦前の沖縄の農民は猫の額ほどの畑を耕してそれで年中貧乏しているのが当然のように思われていた時代であった。（今のように）寝ていても軍用地料が舞い込んでくる訳でもなかった。（沖縄が）基地の街になって天から降ってくるような恩典もなかった」と発言している（『ある基地の街の歴史』「今日の琉球」昭和三十六〈一九六一〉年十月号）。

3 「自治神話論」の背景

キャラウェイ中将は米国版黄門様だった！

平成二十七（二〇一五）年四月五日、翁長知事就任の五カ月後、沖縄で菅義偉官房長官と初会談が行われた。

会談で菅官房長官は「辺野古移設を断念することは普天間の固定化にも繋がる。（前知事の仲井眞氏に）承認いただいた関係法令に基づき、辺野古埋め立てを粛々と進めている」と説明、対して翁長知事はこう反論した。

「『粛々』という言葉を何度も使う官房長官の姿が、米軍軍政下に『沖縄の自治は神話だ』と発言した最高権力者キャラウェイ高等弁務官の姿と重なる。県民の怒りは増幅し、辺野古の新基地は絶対に建設させることはできない」

第三代高等弁務官のポール・W・キャラウェイ米陸軍中将は在任当時の昭和三十八（一九六三）年三月五日、「沖縄の自治は神話だ」という趣旨の発言をしたことがある。中将は沖縄住民の性格を熟知しており、「自治を要求する声より、むしろ『責任』と『能力』の度合いに考慮を払わずにはおれない」と前置きし、「やるべきことをやれ」と強調したのである。その発言の中で、「神話だ」という言葉を使ったにすぎない。

中将を知る県民から私がキャスターを務めるテレビ局に、中将を擁護するメールが届いたことがある。内容はこうだ。

「翁長知事は『自治は神話』という言葉を使用し批判した。彼はキャラウェイ高等弁務官を悪者にして得意がっている。

ここで、キャラウェイの功績を述べてみよう。

キャラウェイ中将は仕事熱心だった。那覇市の真中を流れるガーブ川は当時（昭和三十五〈一九六〇〉～昭和三十九〈一九六四〉年）ドブ川で、雨季には川沿いの新天地市場、新栄通り、牧志公設市場は川の水が氾濫し、付近の住宅・店舗は床上浸水していた。

当時水洗便所はなく便のたまった糞尿、うじ虫などが冠水・増水とともに流れ、不衛生な状態は毎年のことだった。

中将はこれを視察して那覇市と協力し、ガーブ川の浚渫補修の予算化をさせ（支給し）、水はけを悪くした水上店舗を一時撤去させ、川の浚渫補修を急ぎ、与儀から沖映通りまでの川を暗渠にして地下水路とし、氾濫を見事解決したのである。

私はその地域に長年住んで悩まされていたので川の流れを解決したこと、キャラウェイは当時の西銘順治那覇市長に協力し、すごい方だったと覚えている、治水はたいへんな功績だった。

現在このガーブ川商店街は国際通りむつみ橋から旧農連市場までの約八百メートル暗渠《あんきょ》上に二階建ての鉄筋コンクリート建の商店街として現在も繁栄している」

「中将は、昭和三十九（一九六四）年七月に離任した。当時の西銘順治那覇市長はキャラウェイに感謝状を授与した。

五十年経って那覇市長経験者の翁長雄志（現知事）は彼を『粛々』という言葉で非難し、歴史をひっくり返した。翁長は当時、十一～十四歳（小五～中二）の頃である。キャラウェイの功績を理解できたのだろうか？『衣食足りて礼節を知る』の逆を行っているように見える」

「翁長は『福州市の名誉市民である』」

と締めくくっている。


当時の沖縄の金融界は腐敗しており、利益独占集団を形成していた。日米両国政府が経済援助を行っていたが、この集団が中間搾取してしまう。その腐敗体質にメスを入れたのが、他ならぬキャラウェイ中将だった。沖縄金融界の浄化、感染症防遏対策、インフラ構築、サンゴなどの自然保護政策など多大な功績を残している。

南大東村では明治三十三（一九〇〇）年、大日本製糖会社が八丈島から移民を募り、「農地を開拓し、一定期間耕作すれば、それを解放する」という条件で小作人を誘致していたが、戦後になっても約束を履行しようとしなかった。

困った村民たちは、キャラウェイ中将に農地解放の仲介を懇請した。弁護士資格を有していた中将は「農地の所有権はあくまでも耕作者のもの」と明言し、会社側に約束を履行するよう説得し実現させた。

❖「反基地運動」の萌芽

村民は移住六十四年を経過し、ようやく開墾地の所有権を獲得できた。現在県内で砂糖キビを初めとする農作物の単位当たりの収益率は絶えずこの南北両大東島がトップを競っている。中将は昭和三十九年七月に離任するが、六月四日には、那覇市議会が中将に名誉那覇市民憲章を授与し、さらに平成十二（二〇〇〇）年七月三十日、南大東村では開拓百周年を記念して中将の胸像が村民によって建立された。

中将は昭和三十六（一九六一）年二月十六日から昭和三十九年七月三十一日までの三年六カ月間、沖縄に赴任し、頑迷固陋《がんめいころう》な沖縄住民の啓蒙活動に邁進した。その代表的なものが金融浄化であった。

昭和二十八（一九五三）年六月、米国民政府は、沖縄戦で生じた破壊された米軍兵器などのスクラップ所有権を琉球政府へ移譲した。

昭和三十一（一九五六）年までに約二十万トン、四百五十二万ドルが日本本土に輸出され、琉球政府歳入の五〇％以上を占めていた。当時、住民は山野に総出でスクラップの収集にかかった。中には人家の鉄製の門柱さえ失敬する者がいた。

このスクラップ輸出の結果、同年三月末時点で、域内金融機関の預金量合計が二年前の約三倍、三億三千六百二十八万三千B円（約二百五十八万七千五百六十ドル）、貸出合計は四倍の二億八千三百六十万B円（約百二十八万千五百三十八ドル）を記録している。

同年四月三日、『琉球新報』の「これは勿体ない」の欄に「庶民には縁のないビル、内部は空室でガラン洞」というタイトルで、那覇地区におけるビル建設ラッシュの結果、空室が増えていることが指摘されている。この年四月、域内相互銀行五行の法定外大口融資が頻発するようになっていた。うち二行は支払い準備金を枯渇させるまでに至っていた。

この頃住民の飲酒による事件事故も多発し、琉球政府は同年二月に「節酒運動」を呼びかけている。

軍用地問題が妥結した頃から沖縄では金融界の腐敗が拡大していた。ところが琉球政府や司法機関に米国民政府が警告を発するが、自浄の姿勢が見られなかった。琉球政府と金融界の癒着による不正が横行しており、放任すれば経済秩序を瓦解《がかい》させる恐れがあった。

沖縄経済は昭和三十八（一九六三）年以降、日本政府援助が開始されたこともあって順調な拡大を続け、毎年一六％前後の高度成長を達成していた。ところが当時沖縄には地銀二行、相互銀行七行、保険会社四社が乱立し過当競争が展開されていた。

米国民政府は昭和三十四（一九五九）年一月、本国から金融行政のエキスパート、連邦準備銀行理事会顧問とバンク・オブ・アメリカ副頭取を招聘し域内金融機関を調査させたところ、その杜撰《ずさん》な経営内容が発覚した。民政府は「厳重警告」を発すると共に、昭和三十六（一九六一）年一月、第二代高等弁務官ブース中将が布令第三十七号「銀行　銀行業務及び信用供与」を公布、琉球政府に再三にわたって行政指導の強化を要請した。

一方、琉球政府は昭和三十六年の布令に従い、琉球政府部内に金融検査部を設置する（昭和四十一〈一九六六〉年、庁に昇格）。ところが同部の人事権は行政主席の掌中にあるため、折角、民政府が同部に金融監督権や逮捕捜査権を与えても発動することができなかった。この間も域内金融機関の腐敗不正は悪化の一途を辿っていた。

この頃、第三代琉球政府行政主席の大田政作は権力の頂点にいた。

昭和三十五（一九六〇）年六月二十三日、新安保条約は批准書交換後に発効された。今の普天間基地県内移設問題とは対照的に、沖縄が示した親米姿勢に日米関係は大いに救われた。

同年八月五日、大田主席は、帝国ホテルで盛大なカクテルパーティーを開催する。大田の著書『悲運の島沖縄』には、次のように記されている。

「帝国ホテルに池田総理はじめ各閣僚や政財界の要人、アメリカ大使ほか諸外国の使臣、各省の高官、マスコミ界の幹部、在京沖縄県人の長老など約三百名を招待して、沖縄の実情や要望を説明した。

県人長老の東恩納寛惇《ひがおんなかんじゅん》氏（元拓殖大学教授）は、『琉球開びゃく以来の盛事なり』と感涙した」

この頃、本土では沖縄と対照的に反米感情が高まっていた。六月十九日の安保改定に向けて阻止闘争は熾烈を極めていたのである。とりわけ六月十日に発生したハガチー事件と、アイゼンハワーの日本訪問中止は、日米友好を目指す保守勢力に衝撃を与えていた。

一方、米国は反米運動が沖縄に波及することを恐れた。ちなみに六月十九日には大統領は沖縄を訪問しており、大田主席とオープンカーで嘉手納基地から那覇の琉球政府庁舎まで二十二キロをパレードしている。

住民は沿道に出て星条旗（一部は日の丸）をふって歓迎しており、抗議活動は那覇市において人民党党員等、わずかな左翼が結集したぐらいであった。大統領は大いに満足していたという。してみれば大田は二カ月の間に日米両国のトップと対等に対談しているのだ。

七月七日には米上院がプライス法を制定。沖縄統治を円滑に進めるため最高六百万ドルの年間予算を高等弁務官の決済権限として付与した。十一月には米国貿易収支の悪化に伴い、アイゼンハワー大統領はドル防衛策を発表するが、十二月十五日には米国務長官が、「ドル防衛策の沖縄への適用除外」を発表している。

この年、沖縄本島は無電灯地域が皆無となった。さらに経済成長率一五・二％を記録、地元財界に「日本復帰反対、現状維持」を望む声が強かった。ところが、この頃から沖縄に本格的反基地運動の萌芽《ほうが》が起こる。

昭和二十七（一九五二）年四月二十八日、つまりサンフランシスコ講和条約発効の日、沖縄県祖国復帰協議会が結成された。

教職員会、沖縄人民党（共産党）、労働組合（自治労）以下十四団体で組織されており、主催者側は当初七十団体が集まると期待していたようであるが、目標を大幅に下回っていた。彼らは、「復帰すると生活はもっと良くなる」と住民に喧伝していた。

当時、教職員を含む沖縄公務員の給与が米国式に低く抑えられていたことが復帰運動の動機ともなった。復帰と同時に沖縄公務員の給与は急上昇し、「わたり制」（等級、職位に関係なく給与をアップすること）を実施するなどしたために、自治省の指導を受けている。

この頃、沖縄政界の勢力図は、昭和三十五（一九六〇）年十一月の立法院選挙の際、大田政作を領袖《りようしゆう》とする保守親米派の沖縄自民党が二十九議席中二十二議席を獲得、昭和三十七（一九六二）年の第六回立法院選挙でも過半数を制する勢いであった。

昭和三十六（一九六一）年二月に高等弁務官に着任したキャラウェイ中将は、昭和三十七年八月、布令三十七号改正布令第一号を公布、金融検査部の独立制を確立した。つまり金融検査部の人事を弁務官直轄としたのだ。要するに金融検査部部長と行政主席の地位は同格となったのである。中将は弁護士資格を有しており、法的にも高い見識を持っていたのである。

❖「キャラウェイ・スマイル」が沖縄の流行語に

一方、昭和三十六（一九六一）年十月頃からは金融機関内部、特に沖縄銀行行員から警察へ当行頭取や役員の不正行為告発が寄せられていた。当行は琉球政府が初めて認可した普通銀行で、創立からわずか五年しか経っていなかった。布令改正前後から満を持していた金融検査部と警察は沖銀の捜査を一斉に開始した。この結果、同行頭取を含む三行の役員数名を背任行為で逮捕、琉球農林中央金庫など公的機関を含む十四金融機関役員合計六十五名を退任させた。

昭和三十八（一九六三）年、金融検査部は銀行整備五カ年計画を発表したところ、各金融機関は従来の拒絶的な態度を改め、ただちに従った。その結果、昭和三十九（一九六四）年四月までに相銀、保険会社などはそれぞれ二つに統合された。

大田主席は昭和三十八年九月から十一月にかけて、各金融機関に対し綱紀粛正を促す通達をようやく発している。「政治献金の全面禁止、金融機関職員の融資の際の金品の供応等の受領禁止」であった。

キャラウェイ中将による行政指導はこれだけに止まらず、自己利権に固執する沖縄財界への啓蒙活動やまた民政府が筆頭株主の琉球銀行に対しても、「昭和初期の日本の銀行形態をいまだ続けている」と指摘し、昭和三十八年の株主総会で総裁以下四人の役員を解任、役員賞与の高配当を指摘、欧米水準まで貸出し金利を引き下げさせた。

また当時沖縄には五つの民間配電会社があり、電気料金をカルテル状態にしていたため、弁務官命令で昭和三十七（一九六二）年八月に一律二〇％引き下げさせている。

さらに中将は地元金融界の猛反対を押し切って外銀二行を沖縄に誘致、地元金融界の閉鎖性を打破した。この結果、地元金融界は正常化し、人事も一挙に若返った。中将は「新しい人材、若い人材」の登用を勧告していたのである。沖縄が日本に復帰した際、大蔵省銀行局は地元金融機関からの要請に妥協し、国内各金融機関に通達を出して沖縄への進出を禁止した事象とは対照的な施策であった。

『ウォール・ストリート・ジャーナル』（昭和三十八年七月十五日号）は、「沖縄の政府は形の上では存在しているが、むしろ責任回避を好んでいるようで、難しい問題の決定は米軍の行政当局に任せている」と批判しており、さらに、

「キャラウェイ中将が、住民の福祉のために現会計年度分として一千二百万ドルを米議会に要請しているが、これは従来援助の二倍にあたる。

この資金は九十万四千人住民の二〇％にあたる辺地の漁村や農村の貧しい人たちを援助するために使われるであろう。これらの人たちは粗末な家に住み、原始的な井戸から水を汲んでいる。農漁村の人たちの収入は住民一人当たり年間収入二百六十三ドルよりはるかに低い」

と批評している。

キャラウェイ中将は沖縄住民、特に離島や本島僻地の住民に人気があった。体格は米国人と

しては小柄なので住民から同じ目線になれて親しめると話しかけられ、本人も「背が低くて評価されたのは初めてだ」と言い、柔和な表情を見せていた。当時「キャラウェイ・スマイル」が沖縄の流行語となっていたのである。

4 日本経済を凌駕していた沖縄

ロンドン『イブニング・ニュース』東京特派員ハンス・E・プリングスハイムは、一九五〇年代の沖縄を取材した印象を、次のようにはっきり述べている。沖縄住民が日本復帰を望んでいなかったというのだ。

「私が会ったかぎりの沖縄の人たちは『日本に帰りたくない』と話していました。というのも街を通っていると、日本より沖縄経済は豊かのように見えました。自動車も沖縄人は最新型を乗りまわし（ここではアメ車）、東京ではちょっと見られない光景でした。開発が活発に行われているのにも感心しました」と発言している（『琉球新報』昭和三十六〈一九六一〉年十月七日夕刊）。

住民は、昭和三十一（一九五六）年時点で、「戦前より沖縄の生活レベルが格段に向上した」

と認識していた。当時いまだ内地では希少であったコカ・コーラが沖縄ではどこでも入手できた。

昭和三十四（一九五九）年、日本公認会計士会副会長の下地玄信（沖縄宮古島出身）は、二十三年ぶりに沖縄に帰った印象を次のように述べている。先の帰省は昭和十一（一九三六）年、沖縄戦の九年前だった。

「沖縄に行って気付くことは戦前に比べて表面非常に贅沢になっていることである。しかし、これは一枚裏を返せば、ほとんど借金経済や基地経済の上の贅沢であることに気が付き、慄然《りつぜん》たらざるを得なかった。一例をあげてみると多くの沖縄の実業家諸君が乗り回している高級自動車までもが自力による者が何人いるだろう。沖縄で一流の金持ちでも借金が資産をはるかに上回っていないだろうか」

下地は続ける。

「沖縄は非常に変化している。『沖縄では日本語を使わないし、皆アメリカ式で日本風は漸次衰えて見る影もない』と本土で聞かされていたが、ところが行ってみたら全く反対であったのには驚いた。日本内地に居るのとほとんど変わらない。久しぶりに純沖縄情緒を味わいたいと念願していたのも水の泡。料理屋の仲居さんまでもが皆和装（日本式衣装）して、琉装は踊り子だけであったのにはがっかりした。街頭にはなるほど、琉球風俗も見受けられたが、戦前よりうんと少なくなっている」と前置きして「沖縄問題」を指摘している。

「沖縄経済は一言にして結論を云えば誠に不安定である。先ず輸出入のアンバランスの大きいことはどうだ。輸出一に対して輸入六の割合ではないか。その不足部分を基地経済で補っているがいつまでもこんなことでよいのか。当局も識者も一般島民も大いに心すべきことであると思う」

さらに輸出促進と輸入抑制について、次のように住民努力を強調している。

◇輸出の実態

砂糖、スクラップ、パインなどが主なものであるが、スクラップは一時的で数量に限度があるので、その他の輸出品についていえば、技術の向上による原価安と日米など政治面による特殊待遇で開拓する以外にない。資源に乏しいスイスが精密機械技術の発達により富裕な生活をしていることは大いに参考になると思われると指摘。

砂糖は昭和三十（一九五五）年四月、日本政府は沖縄産砂糖（分蜜糖）を南西諸島物資に指定し、国際価格の約三倍で購入した。以降、沖縄では安価な台湾産砂糖（トン当たり七十ドル）を域内で消費しながら、地元産砂糖を日本政府にトン当たり二百ドルで売りつけたのである。

◇輸入の実態

「主なものを見ると食料、ぜいたく品などが大変多い。生産財の輸入はそれが利益を伴うのであれば多いのはかまわないが、消費経済は心掛け次第で改善ができる」

「戦後の英国国民が国内産の高級品、例えばスコッチ・ウイスキー、洋服地等は輸出に振り向け、牛肉等の輸入品は配給制にして耐乏生活をなした。また西ドイツの国民が輸出増進による国力増進のため、労働運動も一時お預けをして上下一致涙ぐましい活動をしている有様を眼のあたりに見て、ひどく胸を打たれたことがあるが、我が沖縄の現状と比較して非常に悲しく感じた」

❖県民に欠落する勤勉性

沖縄とは逆に、台湾と韓国は戦後我が国の敗戦に伴い独立を迫られた。両者は朝鮮戦争や二二八事件等の悲劇に遭遇しながらも、戦前において我が国の教育投資で育成された人材が頭角を現し、自助努力で経済自立を達成した。しかも韓国は現在も、台湾は最近まで徴兵制を実施していたのである。

両者とも消費財の自給の達成、輸出志向（国際競争）、重工業の定着化、ハイテク化などのステップを経て産業高度化を達成した。

特に韓国は鉄鋼、造船、自動車、ＩＴなど我が国の技術を数年で吸収し、国産化を実現した。自動車の国産化では昭和五十（一九七五）年に生産開始、昭和六十一（一九八六）年には米国市場に輸出している。両者の根幹は人材にあった。

韓国では毎年実施される世界屈指の競争を誇る「大学修学能力試験」（センター試験）である「修能《スノン》」の競争率は日本のそれとは比較にならない。彼らは私財を売ってまで子弟教育に投資した。そのため大学は「牛骨塔」（教育費捻出のため農民が牛を売り、その骨で塔ができるというエピソードから）と呼ばれた。対照的に沖縄は戦後、米国によって琉球大学が設立され、義務教育を復活させたが、学生（生徒）は学問に専念せず左翼運動に奔った。

昭和三十一（一九五六）年五月二十二日、文部省沖縄調査団はその教育の現状を次のように批判した。

①高校教員のレベルアップの必要性
②本土大学への特別入学制度への甘えの是正

翁長知事の世代は、この期間に教育を受けている。

この年の十一月十四日、沖縄教職員会が人民党（共産党）と癒着しながら生徒を政治運動に利用していることに父兄から批判が起きている。

昭和三十一年二月、本島北部では高校生が昼間から集団で飲酒し、注意した教諭を撲殺する事件さえ起こしている。この傾向は今も変わらず、地元某大学に至っては反米軍集会へ学生の参加を呼びかけ、会場で学生の出欠をとる講師もいる。

ところで一九五〇〜六〇年代の沖縄経済の特徴を、次のように結論する地元識者もいた。

「反米も親米もすべて沖縄人が一人残らず基地経済の恩典を受けているのも否定できない事実である」

「基地経済という特殊経済が、いつまでも続くのでないことは誰でも知っている。だから新しい産業を興せと言ったところで、言うは易く行うは難いのが現実である」（昭和三十六〈一九六一〉年十月　山里永吉・画家）

製造業の育成より団体交渉で政府から補助金を増額することに腐心した。

土地闘争が決着して以降、沖縄は金余り現象を来す。

昭和三十四（一九五九）年当時、大田主席の回顧によると、「一九五九年暮、某村村長が歳末の挨拶に来られ、小切手を差し出した」という（『こぼればなし』つれづれのままに』大田政作著／平成七〈一九九五〉年三月刊）。額面十ドルといえば、当時の実勢価値で今の十万円以上である。

❖「驚異的な戦後の沖縄の発展」

以下は一九五〇年代から六〇年代の沖縄について、米国人の視点による論稿である。

ＵＰＩ電で、ロサンゼルスの『新日米新聞』（昭和三十六〈一九六一〉年六月三日）の記事が紹介されており、「米国にとって価値あるこの不動産を確保するために五万のアメリカ人が戦死し、あるいは傷ついた。軍の統計専門家の推定では、昭和二十（一九四五）年四月一日にこの島に上陸して以来、約十億ドル（現在の十六兆七千億円相当）が投じられている」と強調されている。米国統治時代、米国人が沖縄をどう認識していたかを知ることができる貴重な資料である。以下、さらに引用する。

「沖縄本島を最大の島とする琉球は戦前、日本の統治時代には最下位の貧乏県であった。そして五十九万の住民が、大小六十四の島に住んで密集した社会を形づくり、米や甘藷（サツマイモ）など質の乏しい食物のため寿命はずっと短かった、月に二ドルほどの収入を得ていた沖縄人は移民するか、ちゃちな商売に身を入れるだけであった。

沖縄人は沖縄戦で経済的に大した損害を受けずに済んだ。というのは当時の琉球には二、三の黒糖製糖場を除いて、わずか百余台の自動車、数百フィート（一キロ前後）の舗装道路、さらに地方には電気さえもなく、原始的な水道設備のみがあったからである。

戦前の琉球では一千人のうち約二十人が新聞を読めるだけで（識字率）、従って世界の出来事にほとんど無関心であった。沖縄には大学もなく子供を大学に進学させることを気にもとめなかった。まして沖縄の行政機構の重要なポストは、ほとんど日本本土人で占められていた。これらのことは全ておよそ二十年前のことである。

現在では沖縄は世界でも屈指の交通激増地域に発展した。約三万二千台の車両が道路を走り、そのうち約四〇％の車両は沖縄人の所有となっている。（中略）沖縄人は今日改善された食生活、健康、医療設備の充実で生活の向上に恵まれている。
戦前よりも寿命は二十年も延びている。一人当たりの平均所得は十五年前より八倍も増え、年々増加の傾向を辿っている。無学は完全に除かれ、今日では新聞を読める者が戦前より十倍も増えた。（中略）
戦前住民の総所得のほとんど半分が農業からであったことに対し、今日では住民の約一六％が農業を営むだけで残りは商工業に従事しており、また約五万人は米国政府の仕事に技術者として、あるいは熟練者として働いている。琉球大学は創設わずか十年を経過しただけでありながら、在籍数は創設当時の四倍以上に増え、現在二千三百七十名の学生が在籍している。電力消費は異常なほどの発達を遂げた。戦前の沖縄の電力生産量は今日の沖縄では二週間とは続かないであろうことは明らかである（後略）」

❖本土人《ヤマトンチユウ》の印象

「沖縄を見ないで沖縄の政治も経済も民情を批判する資格はないと言いたい。社会党や共産党や不良文化人の連中は、沖縄に米軍基地があるのを目の上のコブのように考えている。

即ち彼らは沖縄の米軍基地は戦争の危機をはらみ、東洋の平和を乱すようなことを言うが、その理由がどこにあるのかわからん。彼らは沖縄に中共（中国共産党）やソ連（現在ロシア）の基地があれば喜ぶのかも知れないがそれは沖縄の事情を知らぬ者の言うことである。仮に中共やソ連が沖縄を基地とするなら、おそらく現地住民は奴隷扱いされて悲惨な生活に泣くであろうということは容易に想像されることである。

現在米軍基地に勤務する現地人は、毎日八万人は下らぬ。日給平均三ドルというから、毎日二十四万ドルの金が島民に支払われている。それに米軍将兵やその家族が島で使う金は毎日二十万ドルを下らぬ。その他に基地借地料や沖縄振興援助金などを合算すると、沖縄の政府収入（ここでは琉球政府）は莫大なものになる。

米軍基地がなくなったら、沖縄には恐らくパインも砂糖キビもなく、火の消えたような貧しい島になるであろう」（兵庫県西宮商工会議所刊『沖縄の印象』松本喜代蔵／昭和三十七〈一九六二〉年十一月三十日発行／『今日の琉球』昭和三十八〈一九六三〉年二月号）

ちなみにこの時代本土では大卒の初任給が一万円～一万五千円であったが、沖縄米軍基地従業員の給与は二万三千円～二万七千円に上った（一ドル＝三百六十円換算）。

伊藤栄三郎（『新潟日報』の広告部長）はどう見たであろうか？

「沖縄の住民たちは会う人ごとに日本復帰を訴える。そしてすぐこれについで〝だが現状ではムリだ〟と云うことを忘れない。彼らの云う〝現状では無理だ〟という考え方はたぶんに国際問題に対する配慮もあろう。だが経済的に見て即時復帰は、たぶんに危険が伴うのではないかということを彼らは誰よりもよく知り、心配もしている。

琉球銀行一昨年（一九五九年）の統計によると年間輸出は二千九百万ドル（約百億円）、輸入額は一億四百万ドル（約三百七十億円）、差引七千五百万ドル（約二百七十億円）が貿易上の赤字になっている。つまり沖縄九十万人の住民が現在の生活水準で暮らすには、年間二百七十億円の援助がなければやっていけないわけである。

ではこの赤字をどうして補っているか同銀行の統計によると米国民政府援助六百万ドル（約二十二億円）、日本からの恩給年金、遺族年金五億円、その他は大半が基地経済収入と土地使用料でまかなわれている。つまり沖縄の経済はアナタ任せに生きている現状なのだ。（中略）

ある交通関係会社の社長は『現状打開のため本土復帰をするにしても、今の姿ではあまりにも内地の人に心配をかけすぎる』と次のように話していた。

『年間二百七十億円もの赤字を出している沖縄が、このままそっくり復帰するとしたらどうなるだろうか。気持ちの上では内地の人は我々を心から歓迎してくれるだろう。だが二百七十億円と言えば内地の大県の一年間の予算額に相当する額だ。果たして問題なく、これだけの金を我々に援助してくれるだろうか。私たちは一日も早く本土に復帰したい。だが出戻り娘のように実家へ帰って精神的に苦しむようなことはしたくないのだ。それには我々住民が一歩一歩自立できるような態勢を作り上げるほかないのだ。例え現状が苦しく悲しくとも』と……」（『新潟日報』昭和三十七〈一九六二〉年四月十四日掲載）

第七章　世界を翻弄する沖縄ドグマ

1 基地を巡る狂騒曲

翁長知事は日頃、「沖縄は国から特別に優遇されているわけではない、一人当たりの国庫支出金と地方交付税の合計金額では全国五位に留まっている」と発言している。これは、知事が政府予算についていかに知識が乏しいかを物語るものである。

❖ なんと一兆二千億円の国費が沖縄に

国庫支出金では沖縄県は三千八百五十八億五千万円（平成二十六〈二〇一四〉年度決算ベース）を受給している。県民一人当たりの決算額は、二十七万二千円と東日本大震災被災三県を除き一位である（全国平均は十二万円）。知事はこれに地方交付税を加えて国からの財政支援の尺度に引用しようとしている。

そもそも地方交付税は各県の面積、高齢化率、人口等客観データーで算出されるものである。沖縄県の面積は二千二百七十一平方キロメートルと全国四十四位、高齢化率では最も高い秋田県が二九・五％、沖縄県のそれは一七・三％に留まっており全国で四十七位である。人口に至っては全国二十五位。従って沖縄県への地方交付税額は決算ベースで三千五百七十五億円、人口一人当たりの受給額は二十五万一千円と全国十八位になる。

ところで知事が引用した国庫支出金はあくまでも「普通会計」である。それ以外を加算すると、沖縄へ投下される金額がいかに巨額であるかが見えて来る。まず国庫支出金に普通会計以外の国費を加算すると五千六百九十八億円に達し、さらにこれに沖縄振興予算三千二百五十四億円、防衛省関係予算一千九百八十三億円を累計し、重複分を除くと年間八千六百六十五億円に達する。

ここで既述の地方交付税をプラスすると、沖縄県の国費受け取り額は総計一兆二千二百四十億円、なんと県民一人当たり八十六万一千円になる。これは全国二位を十七万二千円（二〇％）も上回り断トツトップとなる。

知事及びメディアはとかく沖縄振興予算三千億円にこだわり、また国庫支出金普通会計と地方交付税を合計した七千四百三十三億円があたかも沖縄県の年間受け取りの総額であるかのように喧伝《けんでん》している（沖縄県ＨＰ）。

沖縄県への特別待遇はこれだけに留まらない。制度面での優遇もある。

一方、県には沖縄振興特別措置法に基づき、平成二十九（二〇一七）年度総額一千三百五十八億円にのぼる他県にない沖縄独自の一括交付金制度が設けられている。たとえば沖縄振興特別推進交付金は八割の高率補助で、沖縄振興に資する事業を幅広く交付対象とすることができる（要するに資金使途自由）。また河川改修やダム建設の補助事業に至っては、九割の高率補助（空港整備事業等については九割五分）となっている（全国は五割原則）。要するに国発注公共事業の九〇％は国が負担し、残り一〇％のみを県が負担するというものである。県負担は他府県に比べて格段に超低額であるのだ。以上、我が国政府は沖縄県への予算に関しては制度面、金額面で特段の配慮を行っていると言えよう。

翁長知事は、「沖縄の米軍基地は住民が希望して作られたものは一つもない」と日頃から発言している。しかし、第六章で見てきたように史実は本島北部地域において住民は熱望して米軍基地を誘致していたのである。

米海兵隊普天間航空基地の移設先として工事が進められている沖縄県名護市辺野古キャンプ・シュワーブは、沖縄で最初に建設された米海兵隊の大型恒久施設であり、村長による誘致活動と久志村議会議員全員の同意によって実現した。

ところが、基地建設は米軍の既定方針で、「地元が抵抗して米軍と緊張関係を来すよりは、と住民が譲歩した」というニュアンスの本が発刊されている（『辺野古誌』辺野古区編纂委員会／平成十〈一九九八〉年）。

実は同基地の建設は昭和三十二（一九五七）年五月と十月の二度にわたって中断されている。その度に地元が工事再開を陳情しているのだ。本当に建設に反対であれば、この機に乗じて建設阻止闘争を起こすべきだった。

工事着工の昭和三十二年八月以降、ソ連はＩＣＢＭ及び人工衛星の性能が、いずれも米国より優位に立っていた。そのため、米国防総省内には、敵地に近接する沖縄辺野古に、海兵隊最大六千人を収容できる施設を建設する計画に慎重意見があったのだ。

以下は、平成七（一九九五）年、ハワイで逝去した日系二世サンキ浄次《じょうじ》元米陸軍中佐が遺した辺野古基地誘致の記録である。登場するのは久志村長の比嘉敬浩である。時期は表記されていないが、西銘順治の動向から分析して昭和三十一（一九五六）年五月頃と思われる。

「私は昭和三十一年に琉球列島米国民政府付きのバーガー准将の補佐官として勤務していた。夜は時々、（沖縄の）地位の高い方々と一緒に桜坂地区（那覇市内の歓楽街）のバーに行ったりしていた。

私は、ある夜、後に衆議院議員となり、その後沖縄県知事を三期務めた西銘順次と飲んで歓談していた。そこは『なんた浜』という西銘順次氏のお気に入りの店だったと思う。西銘氏は当時まだ浪人だった（第三回立法院議員選挙に落選）。（すると）がっしりした体格の男が私たちのテーブルに近づいてきた。久志村長の比嘉敬浩氏であることが直ぐにわかった。恐らく西銘氏との大事な話があるのだろうと思い、（私が）席を立とうとしていたところ、比嘉村長は私にこう話しかけてきた。

『サンキ大尉。君とだけ大事な話しがあるのだが』。離れた別のテーブルに移動し互いに挨拶を交わした後、比嘉村長は、『何か良い話しがありますか?』と言ってきた。それは、『何か良い話しはないか? 我々の村は大変貧しいので、その貧しさを何とかしたいと思っているのだが、手伝ってもらえないだろうか?』という意味であった。

こういった類《たぐい》の要望を伺うのは私にとって驚きであった。私は経済学者ではなかったからである。そこで、『なぜ、そういったことを私にお求めになられるのでしょうか?』と言った。

『それを君に求めるのには二つの理由がある。まず一つは、君は米軍人であるということ。二つ目は、君は米国籍の沖縄人であること。また、君は、アメリカ人と米軍が何を必要としているかをよく知っている。さらに、沖縄人として、私たちの経済上の要望を熟知しているからだ。私たちの村には何も生み出さない広い荒地がある』

明らかに、村長は、村の公有地を米軍に使用して欲しい、と言っているのだった。

半ば冗談で、『では、米軍を村に誘致すれば良いじゃないですか』と私は言った。これは、間違いなく、村長が私から聞きたかった言葉である。村長はそのことについて村議会議員に諮《はか》らなければならなかった。

村長は大変喜んで、『出来るのか? 本当に出来るのか? 我々のこの要望を取り次いでくれるのか?』と私に何度も尋ねた。

私は、村長は酔っているのだろうと思っていたので、もしそうでしたら、明朝七時に私のオフィスにいらしてください、と気軽に言ってしまった。当時の沖縄は反米感情が非常に強く盛り上がっており、いわゆる『一括払い』への反対運動が行われていた。

一九五四年に一括払いの考えが副長官オグデン少将によって提案された時、立法院の保守派のほとんどは一括払いを支持した。軍用地の長期使用予約は地主を満足させるものと議会の保守派は考えていたからだ。しかし、比嘉主席と軍用地主会の代表はそれに先行してワシントンD.C.に赴き、米議会に対して、一括払いを非難し、『これ以上の軍用の土地の取得はするな』と要求した。一般社会のこういった一致した立場（雰囲気）に反対するのは愚かで自殺的なものと考えられた。

比嘉村長は明朝七時に私のオフィスに来た。

比嘉村長は、米軍を久志村に誘致して基地を設置するという私の提案を喜んで受け入れると言った。本当は、私は単に村長の思いを汲み取り、それを言葉に言い表しただけである。そうではあっても、村長は、具体的に何をすべきかを知りたかったのである。

非常に広大な農業に適さない土地があることがわかったので、私は、正式に招聘状《しょうへいじょう》を提出するように村長に伝えた。

私は『琉球諸島長官宛（正式には民政長官）に、米軍が久志村に基地を設置するようにという招聘状を、提供する土地の地図を添えて、村長と村議会全体の承認が裏書きされた招聘状が必要である』と説明した。さらに私は、完全に内密に事を進めるように村長に念を押した。

村長は私のオフィスを後にし、一週間後に会おう、と言った。期待に満ちた満面の笑みを浮かべて、村長はちょうど一週間後に必要な書類を持ってきた。琉球諸島長官のレムニッツァー将軍に宛てたもので、米軍を誘致したいという、村長と村議会全体の承認によって出された要望書であった。

私は、米軍使用に供与する予定の土地の範囲を示した地図と書類の翻訳を注意深く行った後、それを民生局に提出した。陸軍はすぐに断った。これはベトナム戦争の前のことだったので、陸軍には拡張計画がなかったのである。

空軍は嘉手納空軍基地の施設で十分満足していたので、提案の受け入れを拒否した。海軍は那覇航空基地を維持していたので、それ以上に特に基地施設は必要ではなかった。実際、与那原飛行場（計画）をすでに手放していた。

海兵隊は第三遠征軍全てを沖縄に持ってくるところであったので、金武村《きんそん》（後の金武町）にある訓練施設だけで全ての訓練の必要を満たすには施設が不足していた。海兵隊に『さらに訓練施設がいりますか？』と言う必要はなかった。海兵隊は移転のために直ぐに工兵地区指揮官に来るように要請してきた。

ハワイにある海兵隊司令部は一カ月後、レムニッツァー将軍に、『いります』と通知した。そして、比嘉村長は沖縄で最も幸せな人となった。現在そこは開発が完了し、世界で最も整った海兵隊訓練施設となっており、キャンプ・シュワーブと呼ばれている。そこは自由を守る要塞の一つである。これは、沖縄の歴史では、米軍主導ではない用地使用権取得の初めての事例となった」

✣辺野古闘争

ちなみに辺野古は本島北部の久志村に属していた。昭和四十五（一九七〇）年八月一日に久志村は名護町と合併し、名護市に昇格した。これら沖縄本島北部地域は戦前、貧困地域で、衛生状況も劣悪だった。ハンセン病、マラリア等の感染症が蔓延《まんえん》していた。

戦後も同地域は開発が遅れ、「陸の孤島」と呼ばれていた。戦前から昭和二十五（一九五〇）年頃まで電気もなく、ほとんどが石油ランプの暗い生活で、住民は痩せ地に作物を栽培し、山から得る薪《まき》を本島中南部で販売し生計を立てていた。戦前は陸上交通が未整備であったため、ジャンク船（山原船）による海上輸送に頼っていたのである。

この地域が貧困だったゆえに、宮城与徳、徳田球一のほか、昭和七（一九三二）年に米国からソ連へ亡命したマルキストの島袋正栄など共産主義者を輩出している。

昭和三十八（一九六三）年頃、米国政府の拠出で本島北部一円を結ぶ道路網が完成し、また電力が供給され近代的な生活が営まれるようになった。ただ辺野古と金武は米海兵隊基地が建設されていたことから、一九五〇年代後半にはすでに種々のインフラが整備され近代化を達成していた。

辺野古は沖縄本島北部東海岸に面した百十戸前後の寒村で半農半魚の集落であり、名所旧跡やこれといったエピソードもなく、戦前は県民で同村を知る者も少なかった。

ところが沖縄戦の前後に、その辺野古一帯に本島中南部から住民が疎開した。その数、数万人に上った。この時に初めて住民の間で「辺野古」の地名が認識されたのである。そして戦後、昭和二十一（一九四六）年秋ごろより避難住民はそれぞれの郷里に次々と引き上げ、さらには集落の若者までもが米軍基地に仕事を求めて本島中南部に移住、再び戦前の僻地に戻っていた。

米軍は後に、人材確保のため米軍雇用員を琉球政府職員給与の三～五倍の高給で遇していた。従って、基地が集中する本島中部コザ市（沖縄市）、宜野湾村（当時）に労働人口は吸収された。昭和二十五（一九五〇）年当時、なんと公務員から農民に至るまで一万四千人が、高収入が得られる基地従業員に応募していたのだ。さらに農民にとっては耕作地を米軍に軍用地として貸与すれば地代が入るため生活は複合的に向上した。米軍基地従業員はピークで約四万一千人を数えていた。基地から放出される四十億円以上（当時）の貿易外収入は沖縄経済を一挙に活性化させた。

サンキ中佐が回顧しているように誘致活動は極秘に進められた。情報が漏れたら地元紙にリークされ妨害される公算が大であった。昭和三十四（一九五九）年七月、キャンプ・シュワーブ完成の約三カ月前、石川市（現在のうるま市）の石川長栄市長がブース高等弁務官に米軍演習場の誘致を要請した。ところがこれを記者会見で公表したため、左翼の攻撃を受けたのだ。

というのも、同年六月三十日、嘉手納基地を発進した米空軍戦闘機が石川市宮森小学校に墜落、児童を含む十七人の犠牲を出していた。高等弁務官との面談目的は、表向きは、米軍側から墜落事故の詳細や補償に関する説明を受けることだった。七月十五日『琉球新報』は、「『どうしてこういうことが市長の身としても言えるのであろうか。私たちはもう戦争の巻き添えは沢山なのです。どんな市に金が落ちようと、死んだ人たちに補償がどんなに高額の金でなされようと人間の生命は金にかえられない』と遺族や事件当事者たちは憤慨している」という記事を掲載している。

一方、辺野古住民は米軍から用地接収の通報を受け動揺した。誘致運動は村長や村議会議員が村民に極秘で行っていたからだ。当時の辺野古区長の島袋秀成は『今日の琉球』（同年七月号）に次の手記を残している。

「この通知に驚嘆したのは辺野古の区民であった。その理由は祖先代々住み慣れてきた環境に対する郷愁の感情と、さらに現実的な問題として土地接収後の区民の生活という大きな課題である。言うまでもなく辺野古区民の生活の基礎は農業生産と林業生産（薪炭）と若干の漁業に頼って生活を営む情況であった。これらの原始的産業に頼って細々ながらも日常生活にはなんの不安も感じることなく毎日を平凡に過ごしていたのであるから、寝耳に水の如く、頼みの綱である農耕地や山林が接収されるということは他に生活能力のないほどの素朴な農村民にとっては、いかほどの恐怖に値したかは想像に難くないであろう。

たとえ土地接収を受諾して一括払いの地代を受け取ったにしても、これを利用して転業出来るような地主は僅少であり、ほとんど自給自足の成り立たない零細農家であって、転業できるような資金も得難く、それに転業能力の乏しいことも手伝ってか、接収に対する区民の恐怖はいや増すばかりの情況であったのである。

当時のこのような区民の現実的な心理状態を推察して考えるならば区民総出の土地接収反対の統一行動も充分理解でき、更に接収反対の思想が、なんら政治的、扇動的党派（ここでは人民党を指す）の扇動思想と無関係であり純粋であったことも合わせて理解できよう。反対思想が奈辺《なへん》にあったかを追求するならば、それは簡単なものである。即ち接収後の区民の生活に対する不安であり、生活の保障はどうなるかということであったのである。

当時、折衝委員であった私は、この区民の生活保障の問題を携えて積極的に米軍との接収交渉を行い、その条件を軍側に具体的に陳情して、これを確認してもらったのである。

条件の内容は、地元区民を軍労務に優先的に採用してもらうこと、一括払いは国家的問題であるから、社会的、政治的な解決は後に決定することなど、その他数項目を提案したのである。

軍側も我々の条件を受け入れてくれたので、我々はプライス勧告四原則反対の島ぐるみ闘争の情勢下にあって、厳しい非難を受けながら、喜んで接収を了承するに至ったのである。しかしその頃、立法院議員の方々もお見えになり、接収了承に対するお叱りを受けるなど進退に苦しむこともあった。

久志村では将来人口二万人規模の街建設をめざす都市計画委員会を設け、新開地の整地（四万坪）と、湿地帯の埋め立て（二万坪）を米軍の援助で着手する予定だ」

当時の状況を解説すると、前述したように、昭和三十一（一九五六）年十二月二十五日、共産党（人民党）の瀬長が四原則貫徹を主張して那覇市長に当選していた。辺野古住民は、このような勢力の反感を買うことになった。

十二月中旬、琉球放送ラジオが沖縄本島全域に、「ラジオをお聞きの皆様、ただいまから初めて久志村辺野古区民が、最近任意に米国と土地契約を締結しましたことにつき、久志村辺野古代表の方々五人からその真実をお話しして頂きます」とナレーションした後、代表五名が次々と登場し思いを語ったのだ。筆頭はこの辺野古区長の島袋であった。

島袋は基地受け入れに積極的な姿勢を示し、米軍の支援の下に辺野古の都市計画について、次のように力説したという。

「五期に分けた辺野古の都市計画工事も昭和三十四（一九五九）年四月頃には、三期工事に着手、区民の団結と協力により建設の前進は余儀なくされているのである。『基地の街・辺野古』はよきにつけ悪しきにつけ各界注視の下、今日に至ったのであるが、将来の発展に期待して良心と正義感に燃える辺野古区民は明るい希望に胸をはっている。

都市計画の総面積は十五万坪、二万五千人の人口を収容し、北部唯一の繁華街の誕生も近き将来と言えよう。我々の都計の目標は住民の福祉にあることは言うまでもなく、合わせて駐留米軍の清潔にして良き憩いの場たり得ることにある。

そのため四月から英語学校（講習）を開設し、区民に英会話を普及する計画である。このことは米軍と区民との親善にも必要であり、また優先雇用の条件を満たすためにも必要な教養であり、那覇市大道の隣人教会牧師チェスナット先生を御招きして四月一日から開講の予定である」

✣基地誘致運動

なお軍工事が開始されて後、辺野古の労働従事者の動態はどのように変化していったかを統計資料で比較すると、接収前は総人口五百五十人で、農業人口四〇％、林業四五％、漁業五％、その他一〇％で、ほとんどが、いわゆる原始的農業に依存していた。

昭和三十四（一九五九）年四月頃（工事着工より二年後）、総人口一千五百人に上昇し、軍労務関係が三五％、商業三〇％、農業一〇％、林業五％、その他二〇％という近代的産業に転換していた。結局、接収前の転業不安も取り越し苦労ということにしかならず、島袋区長はかえって区民の利益にプラスになったと感謝された。第三者からは辺野古区民、久志村民は先見の明があったと称賛されたという。

同基地は最大六千人の将兵を収容した際、基地従業員は二千五百人を雇用するとされた。なんと着工当時の辺野古人口の四・五倍以上である。

キャンプ・シュワーブ工事は昭和三十二（一九五七）年三月、俗に言われる「島ぐるみ闘争」の絶頂期にムーア民政副長官（同年七月以降は「高等弁務官」と改称）が出席して鍬入《くわい》れ式が行われた。もちろん、今日のような反対運動は一切なかった。

辺野古の基地建設は開始され、それに伴う経済効果は大であった（平成二十五〈二〇一三〉年現在、地主数六百四十二人、年間地料二十五億九千二百万円）。

結果、基地誘致ブームが起きた。

金武村は昭和三十二年十月十八日、地元有志が先導して米国民政府に基地誘致（恒久施設建設）のための嘆願書を提出した（『沖縄新聞』同年十月十九日）。

その際、四原則の課題であった、新規接収や一括払いも進んで受容するとさえ明言している。

その願いは叶えられ昭和三十四年七月着工、昭和三十七（一九六二）年十月完成し、キャンプ・ハンセンとして現在に至っている（同、地主数二千二百八十六人、年間地料七十四億四千四百万円）。

一方、名護町は昭和三十五（一九六〇）年六月、町有地（キャンプ・ハンセン内山の斜面百二十ヘクタール）を米軍に積極的に賃貸し、希望して地代九年分の一括交付を受けた。この結果、前年の町予算十二万六千四百ドルに対し、六一年度予算は約二倍の二十三万四千二百十ドルを計上している。

町役場はお祭り気分、北部町村給与ベースアップ上限申し合わせ一割以内の協定を破って、名護町役場職員のみ給与ベースアップ一・五割を達成、ボーナスも年間十割を支給した。

なお同演習場は、平成二十五（二〇一三）年返還決定、最終年間地代一億三千万円であった。同市喜瀬、幸喜、許田の三区にまたがり、三区はこの土地から分収金を得ており、区財源として簡易水道などの維持費に使用していた。このため、名護市も普天間基地県内移設には反対しながらも、「返還軍用地は傾斜地で跡利用が困難」として稲嶺進市長や議会、地元は返還に反対を主張していた。

✣キャンプ・シュワーブの完成

ところで、シュワーブ建設工事は二回中断した。当時の状況を地元紙を参考に再現すると、中断一回目、昭和三十二（一九五七）年三月二十二日より七週間中断し地元を焦燥させた。五月九日、軍工事再開の報が正午のニュースで伝えられ、通称「辺野古銀座通り」掲示板に特報が貼り出された。

それまで休眠状態にあった部落は活気を取り戻し、近隣市町村から出店していた雑貨店店主や飲食店マダムたちは思わず「万歳」を叫んだという。

辺野古は工事が中断してからは原始的農業が復活し、共同売店の前には薪が集荷されていた

（関連記事『沖縄タイムス』同年五月十日）。

中断二回目、同年十月十日、工事中断、三日後再開。これは新聞記事を転載する。

「工事中止によって土建業界、経済界、一般労務者、地元他全島に相当なショックを与え一大波紋を巻き起こし、その後の成り行きが注目されていたが、昨十二日夜九時、ジョージ・A・フィンリー大佐より、『十三日より工事は再開されることになった』と発表された」（『琉球新報』「辺野古の工事再開さる」同年十月十三日）

結局、米国防総省は、ミサイル戦力の劣性を地上兵力で補い、同時に極東における局地戦に備える戦略体制維持のため、シュワーブ基地建設を完遂したのである。

一方、沖縄は人口も急増する。昭和三十一（一九五六）年当時、人口八十万人、戦前ピークを三五％上回り、人口増加率二・六五％は全国一位を記録した。

二年七カ月の期限を経て、キャンプ・シュワーブは完成する。シュワーブの名称は沖縄戦で戦死、大統領感状を受賞したアルバート・E・シュワーブ一等マリン兵の名前から命名された。辺野古に基地が開設されたときは盛大な式典が開催された。その様子を地元紙『沖縄タイムス』は一面で大きく報じている（昭和三十四〈一九五九〉年十月四日付特集）。

なお、この夜、村では祝賀のための祭りが開催され、比嘉村長は「第二のコザ市を建設する」と宣言し、村民の喝采を受けている。

コザ市は米軍基地の経済効果で、戦後、人口が一万五千人余だったものが、わずか十年で六万人を突破、昭和三十一（一九五六）年七月一日には、一寒村から二段跳びで市に昇格、那覇市にならぶ都市にのし上がったのである。コザ市は嘉手納米空軍基地を筆頭に戦時中に日本軍によって建設された基地を米軍が接収し拡張運営していた。

話を戻そう。『沖縄タイムス』トップ紙面に、同基地全景の空中写真付で「完成した辺野古基地」「総工費一千四百万ドルで・マリン六千名収容・完備した諸施設・きのう落成式」という見出しで式典の模様が報じられている。

記事中に次のようなフレーズがある。

「この式典は同キャンプが『献呈』のため（註：住民誘致によるため）、わざわざ米国から来島した米海兵隊最高司令官ランドフ・マコール・ベイト大将をはじめ、米第七艦隊司令長官キベット中将、第三海兵師団司令官R・B・ラッキー少将、アンドリック准将ら米軍首脳、沖縄側から当間重剛主席（今の沖縄県知事）、安里立法院議長（同、県議会議長）、安里琉球大学学長、比嘉久志村長ら数名が来賓として出席した」

ベイト大将は次のような式辞を述べている。

「この海兵隊基地は自由諸国防衛線の中で最も大きなものの一つであるが、基地設営に土地を提供し協力してくれた村当局者や関係住民に心から謝意を表する。ここに滞在する海兵隊員は沖縄の友人たちの良き隣人として生活し彼らの信用を得なければならない」

同基地最初の入営部隊は第三海兵師団第一大隊（在カリフォルニア）で、昭和三十四

（一九五九）年九月三日に移動してきた。隊員はほとんどが新兵であった。

ドルをつかむために

完成直後キャンプ・シュワーブを見た海兵隊将校は、「開拓当時の西部を見るようだ。未開、殺伐、喧噪そんなものが入り混じって祖先の開拓時代を彷彿させられるようだ」と語っていたという（『沖縄タイムス』昭和三十四年九月二十日、日刊）。

では、県外紙はどう報じていたのであろうか？『産経新聞』は同年十月二十日朝刊三面に鄭記者が「新建設に立ち上がる沖縄・荒地に〝近代都市〟島民も平静に迎える」という見出しで、次のような記述がある。

「戦争ですべてを失った沖縄も、アメリカ統治のもとに、今や完全に立ち直り、東洋一のドル地域として自由諸国から注目のマトとなっており、この新しい建設期へ第一歩を踏み出そうとしている。これは変革期に立つ沖縄を見たままである」

と前置き、

「（前略）農作も林業も手のつけようもない荒れ果てた土地にこつ然と出現した人口千人（収容力は五千人）というわけだ。（略）

日本では沖縄での基地反対闘争のことが大きく取り上げられているが、全島どこへ行っても、その気配は感じられなかった。これにはいろいろ理由もあげられるだろうが、沖縄はもはや基地を離れての経済は考えられないし米軍も自由諸国の最前線としての基地整備を急ぎ、土地代の一括払いとドル通貨切り替えなどが原因となって、一種平衡状態を現出したと見るべきであろう。

去る八日沖縄の新聞は『ナイキ・ハーキューリーズ（地対空誘導弾）の発射実験を行う』というワシントン電を扱っていたが、一般にナイキ基地が八カ所建設されていることは知れわたっているが、なんらショックを受けていない。

かえって鹿児島県漁連などが立ち上がって水産庁から外務省を通じて米軍にミサイル試射を中止するよう活発な動きを見せている。それというのも沖縄の基地依存度が、非常に高いからであり、前記の〝シュワーブ基地〟の周辺の一寒村・辺野古に特飲業者がどっと町づくりに奔走しているところからも、基地サマサマの沖縄をうかがうことができよう」

『東京新聞』座本特派員は次のように紹介している（昭和三十四〈一九五九〉年十月五日、朝刊）。

「（前略）各種施設百八十棟が立ち並んでいる。面積約五百エーカー、五千人を収容できる六十四むねの将兵宿舎、千人収容の食堂四棟、オフィス、建物十八棟のほか教室、体育館、酒保、収容人員千人の劇場などがあり、（沖縄本島）中部の基地に劣らぬ規模のもの。

海岸ぞいの将兵宿舎は逗子市や鎌倉海岸にあるレストハウスのような感じだ。案内役の第三海兵師団のバトラー少佐も避暑地の別荘みたいだと語っていたが、亜熱帯の猛暑が続く季節に

は海の涼風は将兵にとって喜ばれるだろう。（中略）
辺野古部落民の有志たちはキャンプの残飯払い下げを受け四百頭の養豚場を作る計画だそうだ。海兵隊将兵の受け入れ体制は辺野古だけでなく、近くの町もマリン・ブームのおすそ分けを受けようと娯楽施設の整備に躍起となっている。
こうした基地業者の活発な動き、そして基地に明け暮れる生活を半ばあきらめの気持ちで送りながら、しかも反面突然の米軍撤退によって起こる自分たちの生活の破壊や生活水準の低下を恐れている住民の表情……。沖縄の現実は複雑である」

『沖縄新聞』には「人工衛星と沖縄の新しい地位」と題してソ連の「平和攻勢」を引用しながら以下の社説がある（昭和三十二〈一九五七〉年一月十九日）。

「（前略）我々は宇宙時代をここに迎えたわけである。（中略）

ソ連フルシチョフ書記長は現在の各国軍を解隊してミサイルや、人工衛星などの宇宙時代の科学兵器を国際管理においてもよいということをはっきり言明している。これに対し、ダレス長官も検討する意志のあることをほのめかしている。

こうなってくると沖縄の軍事基地として価値に大分変化が出てくる。何年後かわからないが、恐らく米国は沖縄の基地など全然不要などと言い出してくるかも知れない。

先般の辺野古の軍工事中止の場合でも、この問題でよほど論じられたくらいである。米国民にとっても海外派兵は金のかかることであるし、できれば米本土にとどめ、あるいは軍なども解隊してくると沖縄の基地などというものは、何の価値もないわけだ。現に米国は領土的野心のないこともはっきりしている。そうなると土地問題というものも、角度を変えて考えなければならない。宇宙時代は確かにやってきている。人口衛星の出現によって沖縄の軍事的地位が新しく変わったものに、しかも、それほど価値なく不要なものになってきそうな気がしてならない」

着工から二年六カ月後、昭和三十四(一九五九)年九月三日、完成間近のキャンプ・シュワーブに海兵隊の一部が移駐してきた。以降、『沖縄タイムス』(同年九月四日付)より引用する。「期待と不安に包まれる」『昨夜千名のマリン・完全武装で移駐完了」と題して次の記事がある。

「午後五時から九時にかけて辺野古に一千名のマリン隊が移駐してきた。嘉手納(空軍基地、旧帝国陸軍飛行場)に次ぐ沖縄最大の基地、しかも北部における唯一の本格的基地がこれから生まれようとしている。

第三海兵師団第一大隊(隊長ブリーン中佐)に北部の人は期待と不安の複雑な表情に包まれている。移動は午後五時から開始された。遠くカリフォルニアから一千名のマリン兵は完全武装に身を固め数十台の自動車をつらねて夕闇の中を辺野古に向かう。途中、金武、宜野座の人々が道に出て一行を眺めているが、さすがに緊張した表情で手をふるものもいない。ただ子供たちだけは空前の大移動にすっかり大喜びして、一つ覚えの『バイバイ』『ハロー』を盛んに連発しているのが強い印象を与える。

一行ができたてのアスファルトを直進し辺野古部落に入ると、この緊張はにわかに崩れ歓喜に変わる。

部隊から約三百メートル手前の道路に沿った部落入口には前夜、急ごしらえに用意した『ウエルカム・マリン』の横断幕がはられ、その下で部落民が盛んに歓迎の手をふっている。車上の兵隊も（車両の）テント屋根をまくって総立ちになり『ヘーイ』『ヘーイ』と歓声あげて、それに応えながら基地の中に吸収されていった。（後略）」

❖海兵隊基地開設で好景気に

一方、辺野古住民は海兵隊移駐に伴う景気需要に胸を躍らせていた。『沖縄タイムス』「五万ドルで新しい街づくり・姿を変える辺野古部落・殺到する特飲業者」と題して次の記事がある（昭和三十四〈一九五九〉年十月四日付）。

「軍工事が着工されると辺野古区民もこれと並行した都市計画の構想をねりはじめた（註：正確には昭和三十三〈一九五八〉年夏以降）。将来、第二のコザ市を夢見て都市計画の構想は各方面から検討された。区の有志が集って都計委員が組織され、委員はコザ、普天間など各都市視察なども行った。

この工事（基地周辺地域整備）に本格的に手をつけたのが今年（昭和三十四年）一月である。約十六万五千平方メートルの土地の地均し工事が始まった東海岸の一方を除いて、三方山に囲まれた辺野古部落は地形が悪く数回も難工事にひっかかり、そのたびに莫大な経費がかさんだようだ。

第四次計画で全行程が終わることになっているが、九月三日の部隊受け入れまでにまだ二期工事が完成したばかりで費用はざっと五万ドル、これらの費用は区有地の軍用地代（貸料）と村（久志村）からの補助一万六千六百ドル、銀行借り入れなどとなっているが、これから先の工事は借地人（業者）の受け入れをしながら行う計画である。

すでにこれらの基本施設である水道は完成しているし（註：区民待望の電力は既に嘉手納基地から六万九千ボルトの高圧線タワーが辺野古基地に開通しており、その余剰電力で村は有史以来、初めて電灯が点灯した）、残された工事といっても、もう大した経費はかからないという。これらの土地にはすでにペプシコーラ（炭酸飲料水）の三万九千百平方メートルの契約をはじめ、バスターミナル（註：沖縄バス）五千二百八十平方メートルなど、区と土地賃貸契約を行っている。

同区知念区長の話によると十月十日から一斉に建設を始めると言っているが、マリン目当ての業者が四百人あまりにも殺到しているので、貸す土地が足らないありさまのようだった。

辺野古地区事務所に申し込みをしている業者の営業別を見ると約六割がバー、キャバレー、あとは米人相手の土産品店、質屋、各種日用雑貨などとなっている。それだけ辺野古は基地を目当ての街だということがわかる。ここ同区が一番頭を痛めているのは、例の副隊長が琉米親善委員会の席上発表した売春婦を入れると、ペナルティとしてオフリミッツ（兵の外出禁止措置）にするという声明だった。

申し込みをした業者の中にはコザ、普天間、カデナ、石川など外人相手の商売になれた業者なので、風俗営業で中には兵隊相手の売春婦を抱えている人たちもいる。（後略）」

2 住民は血液まで米海兵隊に依存した

昭和三十三（一九五八）年八月十六日、沖縄民間地域の通貨であったB型軍票がドルに統一された。海兵隊兵士は基地内のPXで安価で飲食できることから、民間地域における消費は一時低下する。

昭和三十四（一九五九）年十二月三十一日には米海兵隊「コザ・キャンプ」総員九百人が新造間もないキャンプ・シュワーブへ移動し、コザ・キャンプ用地は返還された。移動は同年六月頃より開始され、近隣商店や飲食店の売り上げは激減した。

当時、巷《ちまた》では、「マリン兵は四軍兵士中、最も金使いが荒い」と定評があった。

一方、海兵隊第一軍がキャンプ・シュワーブに到着して初めての土日（同年九月）、辺野古地区はいまだ飲食街が完成していなかった。このため、兵士たちは近隣の名護、石川、コザ方面の歓楽街に蝟集《いしゅう》した。

その折、辺野古入口に完成間もないバラックまがいのバーが一軒あり、そこへ海兵隊兵士たちが殺到した。ビール九ケース、ウイスキー十本が瞬く間に売れ、在庫不足を来した。

この話が中部コザ、宜野湾両市に伝わると「辺野古は必ず儲かる」という風評が立った。両市から業者が殺到する。自家用車で辺野古に乗り付ける業者が一日四十～五十人に達した。『沖縄タイムス』の池原記者は、「儲けを夢見る業者、軍作業目当ての労務者が（辺野古）に続々集まってきた。原始時代の遊牧民族に変わって、現代の沖縄の人たちは生きんがために部隊の後を追うのである」と記録している（『沖縄タイムス』同年九月二十日、日刊）。

本島中部では海兵隊の北部集中の結果、とんでもない事件が起きた。血液センターにおける血液在庫不足である。

『琉球新報』（同年十月九日、夕刊）には、「血もアメリカ依存・供血に民間は冷淡。マリン移動で在庫不足」という見出しで次の記事がある。

昭和二十八（一九五三）年、琉球政府は米国政府援助の下、コザ市にメディカルセンターとしてコザ中央病院を設立した。米軍病院の指導の下で域内最先端の医療体制を構築していた。昭和三十二（一九五七）年四月には施設内にコザ血液銀行が設立された。

ところが二十カ月を経過した昭和三十四年十月、供血者が激減し在庫不足を来たしていた。同銀行の供血者は米軍軍人軍属がほとんどだった。マリン・コザキャンプの辺野古基地への移動で米兵が減ったためである。当時沖縄は結核が多発しており、肺外科手術が行われるたびに多量の血液が必要とされた。同年十月時点で一回の手術に要する輸血血液量の十分の一も満たせないと医療関係者を焦燥させた。

以下は『琉球新報』（前述）の記事である。

「開所以来、六月までは月平均三十本の供血（献血）があったが、七月には十二本、八月には一本もなく、九月には十一本しか供血されていない。その原因を聞いてみるとマリン隊の移動でアメリカさんが少なくなったせいだといわれ、沖縄人なら一本二百ccしか採血できないが、外人なら一人から四百～六百ccも軽く採血できるという。

現在同銀行には三十本内外の血液が常備されているが、肺外科手術が始まれば在庫はなくなり、緊急の場合どうなるかが心配されている。また肺外科手術をするほとんどの人たちが、無料だからというので供血に協力しないことは嘆かわしいことだと語っている」

❖沖縄戦の償いだ！

以後、沖縄医師会や輸血必要者の関係者は米軍に懇請して献血要請を行っている。以下がその一例である。

『沖縄タイムス』(昭和三十七〈一九六二〉年九月十二日、夕刊)には、「辺野古―那覇かけつけた輸血部隊」として「手術の一夫人救う・十一人の将兵に感謝状」として次の記事がある。

「去る八月三十日、国頭村在住知念おとさん(当時、五十一歳)が那覇市内の産婦人科医院で手術を受けることになったが輸血に必要な血液がなく、本土から取り寄せるには日数がなく、どうしようかと困っていた。

そのことを縁故者の一人である辺野古のキャンプ・シュワーブPX支配人崎浜秀文氏から聞いて、米第三海兵師団第三連隊第一大隊A中隊長F・W・クーパー大尉以下十人が献血を申し出た。勤務時間をさいて、わざわざ辺野古からトラックで那覇病院血液銀行に駆けつけた。血銀では一人当たり五百ccずつ採血、那覇病院へ送った。そのお蔭で知念さんの手術は終わることができた。手術後の経過もいたってよい。

この話にすっかり感激した国頭村の山川村長は、十一日午後三時、同村知花収入役(現在の副市長)と一緒に辺野古の同大隊を訪れ、同大隊長ハービン・フレッド中佐室で、A中隊長F・W・クーパー大尉ほか、十人に感謝状を贈っている」

同年十月三十一日には普天間基地米海兵隊隊員四十一人がトラック二台に分乗したコザ血液センターを訪れ二回目の献血を実施、一万六千五百ccを供給した。一回目は五月十日に同隊隊員二十九人が一万三千五百ccを献血している。当時住民の献血意識はほとんどなく、血液銀行への献血は毎週一回、米軍各部隊の持ち回りで実施されていた。ちなみに昭和三十四（一九五九）年、普天間基地は米空軍から第三海兵航空団に移管されたため、海兵隊将兵が移駐していた。

昭和三十八（一九六三）年一月、コザ中央病院開設十周年記念式典で、金城琉球政府厚生局長は米海兵隊第三施設隊補給管理大隊のホートン・E・ローダー中佐に対し感謝状を贈呈している。内容は過去十一カ月間に同隊将兵約三百人が、総計十一万九千六百五十ccの血液を献血していたからである。

医師会の関係者の回顧によると、事故や手術で多量の輸血が必要になった際、米軍、特に海兵隊司令部に連絡すると、「沖縄戦の償いだ！」と気安く応じてくれたという。

3「牧場」と呼ばれた普天間基地

今、米海兵隊普天間基地飛行場の県内移設事案をめぐって国と沖縄県の対立が激化している。移設計画が日米両国政府で合意されて既に二十年が経過している。

一方、普天間基地は「世界一危険な飛行場」と騒がれながら、宜野湾市は急成長している県内有数の人口を擁し（九万七千四百七十人）、県内屈指の伸び率を示しており、戦前昭和十五

（一九四〇）年当時の七・六倍を突破している。

那覇のベッドタウンということもあるが、「特定防衛施設周辺整備調整交付金」など、さまざまな名目で潤沢な補助金が毎年投下されている。人口増の原因は「基地」の代償に受け取ったインフラと住環境の向上にある。何せ六十平方メートルの中古マンションで二千万〜四千万円の価格で転売されている。宜野湾市はまた人工ビーチや国際会議場、リゾートホテル、ヨットハーバーもある。この街で暮らせばエアコンの設置費用も場所によっては全額補助されるのだ。信じがたい話ではあるが、普天間基地の移設予定先である辺野古における反対運動家の中に普天間基地に土地を有する地主もおり、反対運動に資金を提供している者さえいる。

この複雑怪奇な現象と原因を本稿で述べたい。

❖普天間基地の来歴

昭和二十（一九四五）年四月一日、沖縄本島中部東海岸に上陸した米軍は翌二日、本島南部首里に司令部を置く日本軍を攻略するため、宜野湾村北端普天間集落付近に侵攻を開始した。以降、日本軍と交戦しながら、約二十四日間を費やして村南端を突破した。

一方、沖縄防衛を担う日本陸軍・第三十二軍（昭和十九〈一九四四〉年三月二十二日編成）は侵攻米軍を殲滅《せんめつ》すべく、同村南端賀数《かかず》集落にトーチカを構築し応戦したが、物量に勝る米軍に及ばず首里方面に後退した。

米軍はこれを追撃し、第三十二軍は五月二十二日、ついに首里を放棄、本島南端で最終決戦に臨んだ。そして六月二十三日、司令官の牛島満中将（戦死後大将）は自決、これをもって日本軍による組織的戦闘は終了した。

ほぼ同時期の昭和二十年六月、米陸軍は宜野湾村に二千四百メートルの滑走路を造成した。現在の米海兵隊普天間航空基地の始まりである。

「昭和十七（一九四二）年、日本海軍が航空基地を造成するために用地を買収していた」という証言も市の古老たちによって口承されているが、土地台帳全部が焼失しているため検証は困難である。

第二次大戦末期、米軍は沖縄を九州上陸のための空軍根拠地として使用すべく、日本軍滑走路五カ所全部（伊江島を含む）を制圧するとともに、新たな空軍基地五カ所の建設に乗り出した。普天間基地の建設はこの一環であった。

ところが我が国の降伏をもって普天間基地を含む四カ所の運用は見合わされた。その後、昭和二十二（一九四七）年三月七日、同基地は米海軍管轄から陸軍に移管され、また昭和三十二（一九五七）年四月に米空軍に、さらに昭和三十五（一九六〇）年五月、海兵隊管轄になって現在に至っている。特筆すべきは、造成から約九年以上にわたって放置されたことである。

昭和二十九（一九五四）年八月十七日、米国民政府は、同年八月二十日から航空基地運用のため地元民の立ち入りを禁止する旨を宜野湾村に通達したが、フェンスの設置は昭和三十七

（一九六二）年以降である。

この間、滑走路は形骸化し、住民は農地や家屋の場にした。また一部エリアには日本軍に破壊された戦車の残骸も放置されていたという。

昭和二十七（一九五二）年当時の『沖縄タイムス』には、このスペースを「牧場」と形容している。以下、引用する。

「（前略）畜産では軍から流れる（将兵の）残飯と広大な牧場と見るべき遊休の飛行場を利用することで、蔬菜《そさい》では軍向けの清浄蔬菜はもちろん、普天間と賀数にある六つの日本請負業者（宿泊施設）や、ライカム（米陸軍司令部）工作隊キャンプに売り込もうというのである」。そして本文中に地域環境を最大限利用することが強調されている（同年五月九日、日刊「軍作業より帰農『蔬菜』で活気づく」）。

昭和二十五（一九五〇）年朝鮮戦争勃発、これに伴い、米国政府は沖縄に恒久施設を建設することを決定する。同時に日本軍が所有していた航空基地を整備拡張した（第一次基地建設時期、総予算二億七千万ドル）。

ここで問題になるのが土地所有権である。既述したように、沖縄は地上戦で戦前の土地台帳が焼失しているため、住民の自主申告に頼るしかなかった。このため旧小作農をはじめ不正申告者が続出し、事務受付を代行した琉球政府関係者を辟易《へきえき》させていたのである。普天間基地など地権者の主張を総合すると、それが水平線の彼方《かなた》まで突き出していた。

特定作業は昭和二十二年三月七日から開始され約六年間を費やし、昭和二十八（一九五三）年六月二日以降、琉球政府から土地所有権証明書が発行された。

この結果、現在普天間飛行場には地権者三千八百七十四人に対し、地代三十八億七千四百万円が日本政府から支払われ、一人平均約百二十二万円が支払われている（平成二十五年度、一坪反戦地主六百八十九人を省く）。


話を普天間基地に戻そう。

昭和三十八（一九六三）年十一月、地元最大手の建設会社「国場組」が米陸軍軍工兵隊の監督の下に滑走路強化工事を実施した（総工費九十一万二千五百二十ドル）。

この間、地権者や基地反対運動家による造成反対運動は一切生起していない。

翁長知事は、「米軍は、住民を収容所に隔離している間に普天間基地を一方的に建設した」と表現しているが実態は異なる。

では、収容所の実態はどうであったか？

米軍は宜野湾村侵攻直後、宜野湾村北端の野嵩集落に村民や近隣避難民を収容、収容人員は三千人を数えた。昭和二十（一九四五）年七月頃、沖縄域内収容所全般の様子を地元紙『琉球新報』（昭和二十七〈一九五二〉年一月二十七日、日刊）は次のように表現している。

「住民の大半はほとんどが米軍の温かい保護下にあったが、中には未だ山奥や防空壕内を逃げ

惑う人々もいた」（傍線筆者）

また野嵩収容所で生活していた男性（当時十一歳）は『宜野湾戦後のはじまり』（平成二十一〈二〇〇九〉年、宜野湾市教育委員会文化課発行）に、こう回顧している。

「収容所の周囲は形ばかりの鉄条網が張られ、そこにはＣＰ（地元警察官）が一定間隔で立っていた。みなで知恵を出し合って、明け方を見計らって収容所を抜け出し食べ物を探しにいった。収容所の外には案外自由な世界があった。日中、私たちは近くの畑からトウガン、カボチャ、米などの食べ物を探した。ＣＰでも要領のよい人は、非番を利用して一緒に探しに行ったこともある」

同収容所内には小学校も開設されていた。

昭和二十一（一九四六）年十月三十日以降、収容所は解体され、住民はそれぞれの集落に帰った。住居は戦災で焼失しているため、米軍が資材やテントを支給して住宅再建に供している。

❖都市部落（集落）の誕生

終戦直後、宜野湾村には米陸軍基地キャンプ端慶覧《ずけらん》、キャンプ・マーシー（陸軍病院　昭和五十一〈一九七六〉年返還）、キャンプ・ブーン（昭和四十九〈一九七四〉年返還）等が建設された。この結果、ピークで村の五四％（二百十七万九千四百二十七坪）が米軍用地となった（現在は二〇・七％）。さらに耕作地も約五〇％減って百八十九万坪となった。

宜野湾村には、戦後一年目の昭和二十一（一九四六）年、基地建設を請け負う外資系会社アトキンソン・ジョーンズ社が設立され、同時に建設労働者の宿舎も設けられた。ピークで三千名を数えた。これは有史以来、沖縄域内最大の労働者集合施設であった。前後して米軍人・軍属向けの新聞社（『The Daily Okinawa』）も設立された。

戦前は寒村で、松並木と岩苔《いわのり》が繁茂《はんも》し、真っ昼間でも通行量は極めて少なく不気味なほどに閑散としていた。そのような村がまさに国際都市として急速に発展していく。同村には、近隣集落のみか本島北部や離島からの移住者や出稼ぎが殺到した。

戦前、普天間集落には本島中部全域を統括する中頭郡役場や保健所が置かれており、地域行政の中核を成していた。サトウキビやサツマイモ（甘藷）の生産が主な産業であった。

このフレーズを見ると、いかにも繁栄していたかのように見えるが経済環境は最悪だった。既述したように沖縄は自然環境が農業に適さず、農民は耕地を担保に借金して移民、出稼ぎへと島から出ていった。島に残った農民は負債に負債を重ね利息を払うのがやっとの状態だった。

ところが戦後の沖縄は基地経済に救われた。戦後十一年を経過した昭和三十一（一九五六）年一月、宜野湾村に琉球銀行普天間支店が開設されるが、わずか一年で預金三千五百万B円（開設当時の三倍）、貸付四千二百万B円（同十倍）に拡大したのである。

こうして基地経済によって人口は集中したが、最近は基地に反対することによって金を得ようとする傾向にある。

平成二十八（二〇一六）年十一月十六日、那覇地裁沖縄支部（藤倉徹也裁判長）で第二次普天間爆音訴訟の第一審判決が下され、国に対し合計約二十四億六千万円の支払いを命じた。

普天間飛行場周辺の住民三千四百十七人が米軍機の騒音で日常生活や睡眠を妨害され、精神的苦痛を受けたなどとして、国に対し、過去・未来分としての損害賠償合計約百億円の損害賠償と飛行差し止めを求めたものであったが、那覇地裁沖縄支部は飛行差し止めと将来分は棄却した。

本件は平成二十七（二〇一五）年六月十一日に第一審判決が下された普天間騒音訴訟から勘案すると、第三次訴訟にあたる。第一次訴訟の個人補償額より千円増額しており全国の基地爆音訴訟でも最高額となっている。第一次訴訟同様、新たな転入者に対しても損害賠償が実施されたのである。

第二次訴訟においては、同年六月十一日、那覇地裁沖縄支部（日景聡裁判長）が、国に対し合計約七億五千四百万円の支払いを命じている（原告一人あたり損害賠償金約三十四万二千七百二十七円）。

これは米軍普天間飛行場（沖縄県宜野湾市）周辺の住民約二千二百人が国に対し合計約十億円の損害賠償を求めた訴訟であった。

ところが国は訴訟で、飛行場があることを知った上で転入してきた原告がいること、基地周辺家庭や事務所に対し、防音工事を実施することによって騒音対策を日常的に行っていることを主張した。そして賠償の減額や免責を求めていたのである。

日景裁判長は本件を勘案し、国の支払い額を第一次訴訟に比べて二五％減額したのである。ところで、この第二次訴訟では訴訟団が参加人数を増やすため、市議や左翼活動家たちが市内を回って、「一人七万円の訴訟費用を払って原告になったら倍以上のキャッシュバックがある」とアピールしながら参加者を募っていた。

この活動の原点は、平成二十二（二〇一〇）年七月二十九日にも同様な判決が出されていることに起因する。いわゆる「第一次普天間基地爆音訴訟」である。

那覇地裁は、国に対し、提訴住民三百九十六名に対し三億六千九百一万五千百七十四円の支払いを命じている。原告一人当たり九十三万千八百四十三円になる。

この訴訟団の一部は平成二十三（二〇一一）年四月十三日前後数度にわたって、普天間基地滑走路進入口付近で集団で風船を上げ、最大五十メートルの高さまで上昇させたのである。当時、米軍は東日本大震災の救援で普天間基地から仙台空港に頻繁に輸送機を運用していた。

警察、及び防衛施設庁（当時）、米軍からこれらの挑発行為を停止させるよう要請されたが航空法が適用されず、警察、及び防衛施設局職員が反対派を説得する手法で風船上げを制止する方法しかなかったのである。

第一次爆音訴訟について詳述すると、普天間基地近隣の住民三百九十六人による提訴で、①航空機の離発着等の差し止め、②騒音によって被《こうむ》っている損害賠償の請求等が提訴された。

第二次訴訟は、第一次訴訟に参加していない住民が「我々ももらい分がある」として原告団を結成し提訴したものであった。これをプロモートする左翼弁護士集団には着手金約二億一千九百万円、成功報酬約一億一千三百万円、合計三億三千二百万円が入るものと計算されている。この一部は基地反対運動の新たな資金源ともなっている。

また、この第三次訴訟判決によって後から転居してきた住民が次々と裁判を起こし、第四次訴訟もあり得る事態となっている。まさに普天間基地は、その存在を否定する者にとっても金を生む存在となっているのだ。

一方、平成十五（二〇〇三）年、「普天間返還は五年以内に解決する」と嘯《うそぶ》いて、宜野湾市長に当選した伊波洋一氏（宜野湾市市職労出身）は、市長に就任するや、キャンプ・シュワーブ移設案を頑なに否定し、また飛行場のクリアゾーン内にある普天間第二小学校の移転計画も阻止した。

現在米軍は同小学校上空を飛行するルートを禁止しているが、メディアは映像を合成して、あたかも米軍機が小学校の真上すれすれに飛行しているかの印象を視聴者に与えている。

一方、平成二十一（二〇〇九）年十二月十五日、普天間基地の南端六百五十メートルの地点に住む住民が地上四階建てのビルの屋上に無線中継局としての鉄塔（地上四十メートル）を建設しようとした。基地は航空法の適用を受けないため、市としては建築を許可せざるを得なかった。米軍からは航空機進入の障害となると防衛施設局にクレームをつけた。そこで施設局は、「米軍基地周辺住民への見舞金」の名目で一千万円を鉄塔所有者に支払い鉄塔を撤去させたのである。

以上、歴史を俯瞰《ふかん》するに、県民は基地と共存することによって今日の繁栄を築いてきた。ところが今では基地問題を「人質」にして国から金を無心する手法を拡大しているかのようである。

❖キャンプ・シュワーブのその後

昭和三十四（一九五九）年四月、完成間近のキャンプ・シュワーブに隣接する久志村立久辺小中学校に教頭として赴任した比屋根安正は当時を次のように回顧している（『今日の琉球』昭和三十九〈一九六四〉年十一月号「基地の村の学校」より引用）。

「一部の人々はコザを連想して繁華街になる夢を見たり、また一部の人たちは教育的見地から環境悪化の心配をしたり、人様々の噂に明け暮れたものでした。（中略）

キャンプ創設後間もなく二つの委員会が設置され、学校の援助に乗り出してくれました。まず最初にキャンプ・シュワーブを中心に村一円(全域)を対象とする琉米親善委員会がつくられ、次いで久辺小中学のための援助組織がキャンプ内に作られました。一般的にアメリカ人は優しく親切な国民だという感じを生徒は受けています。

特に忘れがたい親切は昭和三十七(一九六二)年十一月に、五十名ほどの海兵隊員が二週間も土まみれ、ほこりだらけになって校内の整地作業に当たってくれたことです。校庭内外の溝さらい、土手や校内通路の補修。校庭全域の砂まきなど汗まみれになって働いてくれました。おかげで校地が全面的に化粧され立派になりました。

学校の施設、備品の中にも米軍人の援助で賄われたものが少なくありません。

一九六一年度には簡易水道施設の一環として、モーターポンプ付き水タンク一基の寄贈を受けました。その際、ブロック作りのポンプ室まで備えてくれました。備品として寄贈を受けましたのは、その他、児童向け図書、輪転複写機、教師用地球儀など合わせて三百ドルにも上ります。また毎年十二月にはキャンプ軍人から、たくさんのクリスマスプレゼントが児童生徒に贈られます。

昭和三十八(一九六三)年は実に素晴らしい年でした。それは本校グランド地ならし工事が完成したからです。長年の険難であったこの工事が、海兵隊の機械力と奉仕の精神のおかげで一カ月ほどで見事に完成しました。

工事は面積約二千坪(六千六百平方メートル)の運動場を全面的に二メートルぐらい低く削

り、余った土砂で隣接の低地を埋めて拡張するという大規模なもので、約二万ドルの経費を要すると見積もられていたものですが、ほとんどただででき上がったものでした。私は今この学校を去って沖縄本島南部の学校に勤務しておりますが久志で受けたキャンプ・シュワーブの人々の好意と助力を決して忘れることができません」

基地開設から四年後、昭和三十八年には地元青壮年男女の多くが英語をマスターし、基地内でキャッシャー（レジ打ち）、コック、工作技手、給仕係として活躍している。最初はぎこちなかった蝶ネクタイスーツ姿もすっかり板に付くようになった。

一方、平成九（一九九七）年三月、キャンプ・シュワーブ初代中隊長ワイリー・ティラー元大尉（当時、後大佐に昇進）が旧久志村嘉陽区を訪ねたところ、区民総出の熱烈歓迎を受けている。地元小学校校庭で行われた歓迎式典には区民二百人が参集し、「少年野球チームの結成や地域ボランティアを通じて村の発展に尽くした」として、新聞では次のように書かれている。

「子供たちゃ学校に机、腰掛け、ピアノ、服なども寄贈、地域住民からは、〝ティラー隊長〟と親しまれていた」（『琉球新報』同年三月十六日）

また、地元嘉陽小学校教員の比嘉輝光は歓迎式典で次のように称賛した。

「戦争の傷跡が残り生活も不安定な時代に『常に明るい勇気と希望をもって頑張って下さい』と話していたあなたを地域住民は忘れません」

平成三（一九九一）年三月、湾岸戦争でキャンプ・シュワーブの将兵が凱旋《がいせん》してきた。区民はそこで辺野古公民館で戦勝祝賀会を開催している。現在でも、区民と基地の交流親善は活発である。

✣米国援助で沖縄学童の身長増

戦前、沖縄成人男子の体格は全国平均より身長で三～四センチ低く、体重は三・三キロ軽かった。原因は発育期における栄養不足が主因であった。戦前の沖縄は、魚を食べる習慣がなく、豚肉は旧正月と盆だけ、もちろん牛肉も食べる機会もなく、牛乳に至っては全く飲まなかった。

加えて沖縄では野菜の肥料等には人肥が使用されていたため、寄生虫の発生率が高かった。万一、寄生虫の卵が体内に入ると、児童の腸内で繁殖し、栄養を奪い取るため発育不全、情緒不安定をきたした。これは戦後、公衆衛生看護婦が各学校を巡回し検便検査、薬品服用で駆除していた。

昭和十八（一九四三）年、東北大学名誉教授の近藤正二が論文を発表し、「発育期に栄養補給を行えば、身長、体重の発育が好転し本土に追いつくであろう」と強調した。時の沖縄県知事の早川元や那覇市長の当間重剛はこの発表に注目した。そこで近藤は沖縄の小学校でミルクの給食実施実験を試みたが、戦争が激化したため取り止めとなった。

近藤がこの栄養と身長の関係に注目したのは二つあった。戦前、沖縄の小学校（旧制）を卒業し、本土の工場に集団就職した青少年一人ひとりを小学校時代からの発育過程を調査したところ、本土移住後、食環境の向上と相まって身長の伸びが沖縄在住時代に比べ急によくなったことが確認された。また戦前、県内小学校を調査したところ、長身の学童は小児の頃、ハワイやブラジル等で育った者がほとんどで、肉や牛乳を摂取しやすい環境にあったことが判明したのである。

戦後沖縄ではリバック委員会（米国民政府主導）が、昭和二十八（一九五三）年より本島の小学校二～三年生にミルク給食を開始、昭和三十（一九五五）年以降は、沖縄全域の小中学校、幼稚園の全生徒にミルク給食を実施した（一部地域はチーズの配食も実施）。昭和三十六（一九六一）年時点で対象学童は二十六万五千百二十六人、総量は一千七百九十五トンに達していた（一人当たり六・八キロ）。

これは本土の教育関係者に羨《うらや》まれた。本土では当時全国の小学校に普及していなかったばかりか、特に中学校では未実施校がほとんどだった。

結果、沖縄児童の身長は戦前のそれを上回るようになった。琉球政府文教局のデータによると、昭和三十六年時点で小学校の男子生徒四・三センチ（二・一キロ）、女生徒四・七センチ（二・六キロ）、中学校の男子生徒六・一センチ（四・八キロ）、女生徒五・二センチ（四・五キロ）と大きく伸びていたのだ（カッコ内は体重）。

本土では昭和二十二（一九四七）年より都市部の小学校のみミルク給食が実施されていた

が、沖縄学童の身長伸び率は都市部のそれを上回り、成人の平均身長も全国平均に達していったのである。

一方、パン給食も昭和三十五（一九六〇）年四月から開始された。一周年目の昭和三十六（一九六一）年六月、琉球政府文教局長（現在の沖縄県教育長）から次の三氏に感謝状が贈呈された。

①米国民政府公衆衛生部福祉課長ルラナ・テオドア
②国際カトリック福祉協議会・国際カトリック共済奉仕団沖縄代表フェリックス・レイ神父
③世界キリスト救済奉仕団沖縄代表ハラック・ウイリアム

国際カトリック福祉協議会、世界キリスト救済奉仕団による支援は特筆すべきものがあった。開始より一年間にミルク三百九十七万七千八百二十四ポンド（金額約五十二万四千ドル）、小麦粉千二十二万四千四百九十七ポンド（金額約五十六万二百ドル）、米十九万八千四百三十二ポンド（約五千九百ドル）、コーンミール七万二千五百四十ポンド（約二千百六ドル）にのぼり、合計重量で一千四百四十七万三千二百九十三ポンド、金額にして約百九万五千ドルにのぼった。この寄贈金額総額を箱もの建設資金に比較すると、コンクリート普通教室（七十九キロ平方メートル）が四百三十八教室、体育館（一千百九キロ平方メートル）が二十三棟、野球場は東京ドーム四球場分に相当した。彼らの援助がいかに大きかったかが理解できる。

パン給食開始一周年にあたり文教局指導主事であった与那覇仁助は手記を残している。与那覇は「成長期の栄養は一生を左右する」として小麦粉を主体とするパン食を絶賛しながら、慶應義塾大学医学部生理学教授である林髞の著作『頭脳』を引用し、小麦に含まれるビタミンB_1は頭脳を活性化するとして、林の次の論考を引用している。

なお、この『頭脳』は昭和三十三（一九五八）年に出版され、ベストセラーを記録、その後、三年間に五十版も増刷を重ね、我が国の食習慣に大変革をもたらした。沖縄におけるパン給食の開始はこの雰囲気の中で開始されたのだ。パン給食開始後不登校児が激減したというエピソードさえ残っている。

「第二次大戦下で我が国がシンガポールを占領した際、約二万人余の英国人を収容所に入れ、従来のパン食より白米に転換したところ大部分が脚気になってしまった。脚気が昂じると精神に異常をきたし、早い者で二週間、遅い者で二カ月すると情緒不安定に陥った」

パン給食一周年に際し、国際カトリック福祉協議会、世界キリスト救済奉仕団に感謝する手紙が沖縄全域から文教局に寄せられた。中学生百四十六通、小学生から三百二十八通、父兄及び教育関係者から三十通に達していたという。与那覇は論稿にそれら計四通を添付している。その中の父兄からの手紙には切々たる感謝の念が読み取れる。宮古島小学校二年生の母親からの手紙を紹介しよう。

「（前略）宮古の子供たちは身長が低いことが親としても悩みでございましたが、このパン給食によって身長の伸び方が違ってきたようで、この一つを考えただけでも大きな喜びでございます。

（中略）アメリカの皆様どうぞ、お元気で、これからも神の栄光の為に又お役立つ人間になるよう、私たち父母も良い家庭教育をしたいと思います」

❖今も残る米国統治時代のレガシー

「公衆衛生看護婦制度」と「医師インターンシステム」は、米国統治時代の偉大なレガシー（遺産）である。

前者は、沖縄振興の最大阻害要因とされたマラリア等の感染症の撲滅に成功した保健医療制度（プライマリーケアー）であり、日本復帰後も特例で存続したが我が国医師法に抵触することから、平成九（一九九七）年三月に廃止された。

しかしアジア・アフリカ諸国の医療従事者はこの成功体験を学ぼうと、ＪＩＣＡ（独立行政法人国際協力機構）の支援で沖縄を訪れており、平成二十五（二〇一三）年九月十五日、研修受講者はついに合計一万人を突破。その研修者はタンザニア連合共和国の医療従事者であった。アフリカではマラリアで年間五十万人以上が死亡しているのだ。

米国式医師インターンシステムは現在も存続しており、我が国医師インターンシステムの規範としての評価は高い。当初、地元新卒医師（ジュニア・レジデントン）を対象としてスタートしたが、日本復帰後、全国から希望者が殺到するようになり、毎年五倍以上という競争率を誇っている。今国内において、「沖縄県立中部病院でインターンを受けた」ということは信頼の証となっている。

昭和四十二（一九六七）年、米国イリノイ大学医学部の指導の下、沖縄中央病院（現在の県立中部病院）で開始された。現在はハワイ大学医学部分校として運営されている。

米国の医療は、我が国のそれが医局制（診療科目の縦割り制）と研究型医師養成方式が中心であることに対し、米国は各科の横断的医師グループによる患者中心のチーム医療である。このため米国では、新卒医師は全科目に精通しておくことが基本となっている。中部病院におけるインターンシステムは、この観点からレジデントに全科目を履修させていたのだ。

奇しくも昭和四十三（一九六八）年に発生した東大紛争で、我が国医療界は三十五年間インターン教育が行われなかった。この間、沖縄中央病院では米国教授医師の指導の下、黙々とインターン教育が実施され一騎当千の医師が誕生していた。昭和四十七（一九七二）年、地元出身青年医師三人による最難関と言われた小児の心臓開心手術を成功させており、日本医師会を仰天させている。

沖縄のインターンに日本医師会の視線が集中したのは、平成十五（二〇〇三）年、厚労省は多発していた医療ミスや救急患者受け入れ拒否事案に対処するため、新卒医に二年以上のインターンを義務付けるとともに、広範囲な診察能力と人格形成を目指すよう指導した時だった。

ところで戦後、我が国に進駐した米国は、その後進性を指摘して「中世の医療」と揶揄《やゆ》した。同時に改革を試みたが、日本医師会の抵抗にあい頓挫《とんざ》。対照的に沖縄は米国に統治されたため、米国式の医療システムが順調に定着した。ところが沖縄の日本復帰後、その先進医療体制も我が国の医師法の範疇《はんちゅう》に入ったため、後退したとも言われている。これは看護士育成教育でも同様である。

昭和二十一（一九四六）年五月、米軍政府は域内三カ所に沖縄史上初の看護学校を設立。昭和二十七（一九五二）年三月に、沖縄中央病院付属看護学校に統合し、本格的に看護人材育成にかかった。このため米国民政府は米軍看護顧問官のワーターワース女史ら公衆衛生のエキスパートを沖縄に招聘《しょうへい》し看護士育成教育、公看制度確立に当たらせた。

公衆衛生看護婦は日本の保健婦制度に相当するが、決定的な差異は医師と同等の権限を有するもので緊急の際は医師行為も行った。現在我が国の特定看護婦に相当する。

公看育成コースは、昭和三十（一九五五）年五月十六日に中央病院内に開講された。また同年十一月一日、公衆衛生看護婦養成所として独立。なお、当養成所の教官は米軍ナースや我が国国立公衆衛生院で研修を受けた者が担当した。

ワーターワース女史は毎年二月頃より域内高等学校を地元看護婦教官と共に訪問し、優秀な女子校生のスカウトに乗り出した。また、軍布令を布告、看護学校教員資格は旧法（日本法）では「看護経験三年以上」とあるのを改訂し、「大学就学経験一年以上」を追加した。同時に同法律による入学資格も「中学（高等小学校）卒」から「高等学校卒」に改訂した。

元日本看護協会会長の大森文子《おおもりふみこ》は『（沖縄看護協会）三十周年記念』誌に祝辞をよせ、ワーターワース女史の指導と熱意を称え、さらにこの布令三五号、三六号による看護制度の改訂を評価して「本土より優れた制度がもたらされていた」と断じている（昭和五十八〈一九八三〉年六月）。

このように修練された看護婦学生は、卒業して看護婦免許を取得するが、免許は日本復帰まで一年更新制であった（米国は二年更新制）。免許更新の条件は最新の看護技術講習を受講することであり、結果、日本本土の看護婦を凌駕《りょうが》するスーパーナースが続々と誕生していった。

ところで沖縄は、戦前から戦後までシャーマニズムの風習があった。家族が感染症に罹患すると、診療を受けさせずにユタ（巫女《みこ》）を訪れ、病気平癒の祈禱を頼んだのである。医学知識のないユタは「先祖供養が足りない」「石油を飲めば直る」と、アドバイスするため民衆は重症患者を隔離しようともせず家庭内に放置していた。結果、感染症は家庭内や地域にまたたくまに蔓延していったのである。

ハンセン病に至っては悲劇そのものであった。戦前、患者発生率は沖縄が全国ワーストワンで、本島北部や宮古・石垣等の離島僻地《へきち》に集中していた。罹患率はなんと全国平均の二十倍以上、当時沖縄県の人口五十九万人に対し、患者は三千名以上と分析されていた。米国民政府はそこで域内各地に駐在する公看を通じて住民、特に女性への衛生教育を行った。

ところで昭和四十五（一九七〇）年、日本復帰二年前より看護婦、保健婦、助産婦に関する日本の国家試験が、沖縄においても実施されることになった。当時、関係者が驚嘆したのは、沖縄は全国的にもトップクラスの合格率を示したことである。

昭和四十九（一九七四）年（復帰から二年後）、試験問題作成から採点評価委員長までを担当した元国立療養所院長、防衛医大初代学長の松林《まつばやし》久吉《ひさきち》が「沖縄の看護学生は国家試験の合格率が高い上に、全国的にもその集団が上位にある。どんな教育を実施しているのだろうか」と調査のため来校している。

以上、米国式医療行政が現在の我が国行政に指針を与えているものと思われる。現在我が国は医療介護費が百兆円を超えているばかりか、先進七カ国中、感染症対策において最も脆弱で、WHO（世界保健機構）結核罹患《りかん》率目標十万人あたり十人が基準とされているものが、我が国は十七人を記録している。六位の英国でさえ十人で、先端をいく米国は三・二人である（平成二十七〈二〇一五〉年現在）。

ちなみに戦前の沖縄は人口ピークで五十九万七千九百二人、県民平均寿命四十七歳、日本復帰の昭和四十七（一九七二）年には人口九十六万千三百四十八人、寿命八十七歳という最長寿県を達成した。それればかりか国民健康保険で六億円の黒字をも計上していたのである。

おわりに

沖縄県庁は沖縄の地政学的位置を形容して「万国津梁《ばんこくしんりょう》」と表現している。これはハブ（hub）を意味するが、県民にはそれを運用するにたる国際的視野と進取の気性が不足しているように見える。なによりハブとしての沖縄を発揮させるには安全保障が前提となるのだ。

我が国の沖縄政策も早急に改めるべき点がある。日本復帰の際、政府は沖縄地元済界保護の観点から本土企業、とくに銀行の進出を規制した。それが今や限界にきている。地元には県内普通銀行三行がひしめき合い、貸出金利は本土地方銀行より〇・四三～〇・八九％高い、県外地銀やメガバンクが活動できる余地は少なく地元経営者達はビジネス情報に飢えている。

一方、地元「泡盛」製造会社四十六社への法人税減免措置三五％（ビール会社には二〇％）が復帰以降存続しているがとんでもない社会問題を起こしている。

日本復帰に伴う時限措置で八回延長されてきたが、平成二十三（二〇一一）年、沖縄税務署は泡盛を製造するH酒造（従業員三十八名）に対し、四年間に役員四人へ支払った報酬及び退職金合計十九億四千万円が不当に高いと指摘、裁判で争われ、創業者への退職金約六億七千万円のみが妥当と認められた。今これらの県内酒造会社は別会社で老健施設を経営するなど政府の補助を二重取りしている。

このような政策は県民の飲酒を助長する結果となっている。昨年は飲酒運転検挙者千八百五十六名を数えた。絶対数で全国最多二年連続、一昨年より二百二十四名増加している。国民は理解できないかも知れないが、酩酊して路上で眠り込み、通行中の車輌に轢殺《れきさつ》されるという事故も今年既に四件発生している。

三月には、小学六年の児童がバイクを飲酒運転して自損事故を起こし、同乗の中学生男女を死傷させている。

ところで沖縄県は前述したように、日本復帰後も全国長寿県を維持していたが、平成十二（二〇〇〇）年以降、県民寿命が短くなり、平成二十二（二〇一〇）年、ついに六十五歳未満の死亡率が全国最悪となって現在に至っている。その要因はいくつか挙げられるが最大の要因は過度な飲酒にある。沖縄の未来を開拓するためには県民啓蒙と公平な競争原理の導入という思い切った政策転換が求められているのだ。本書がその一助になれば望外の幸せである。

私事にわたって恐縮であるが、本書の上梓に際し、ワック社長鈴木隆一氏、月刊『Ｗｉｌｌ』

編集長立林昭彦氏、書籍編集長仙頭寿顕氏、編集担当齋藤広介氏に大変お世話になった。深甚なる感謝を申し上げたい。

本書執筆に際し、元米国民政府関係者から膨大な資料の提供を受けた。私はその多くを本文に取り組もうと焦ったためページが膨れあがり、さらに学術論文の様相を呈していた。ワック社の皆様は辛抱強く私を励まし助言して下さったのである。重ねて御礼申し上げたい。

平成二十九年四月七日

惠　隆之介

〈参考文献〉

・『明治天皇記』宮内庁編（吉川弘文館）
・「沖縄訪問日誌」北条氏恭（個人蔵／明治二十四年）
・「沖縄巡回日誌」上杉茂憲（沖縄県立資料館蔵／明治十五年）
・『南東夜話』秦蔵吉（沖縄實業時報社／大正十三年）
・『昭和天皇の艦長　沖縄出身提督漢那憲和の生涯』惠隆之介（産経新聞出版）
・『沖縄県史』
・『概説　沖縄農業史』池原真一（月刊沖縄社）
・『悲運の島沖縄』大田政作（日本工業新聞社）
・『辺野古誌』（辺野古区編纂委員会／一九九八年発行）
・『宜野湾市史』〈六〉資料編五、同〈七〉資料編六・上
・『沖縄から琉球へ』仲宗根源和（月刊沖縄社）
・『沖縄を豊かにしたのはアメリカという真実』惠隆之介（宝島社新書）
・『沖縄県の公衆衛生看護事業30周年記念誌』
・論稿「医療経済に関する理論的実証的研究特別研究『沖縄の医療』」（中央社会保険医療協議会）
・論考「沖縄児童の身長について」近藤正二・東北大学名誉教授・医博（一九六三年）
・論考「パン給食と人間づくり」与那嶺仁助・琉球政府文教局指導主事（一九六一年）
・『Narrative of the Exposition of an American Squadron to the China Seas and Japan』（米海軍総司令官マシュー・カルブレイス・ペリー編）
・https://archive.org/stream/narrativeofexped01perr#page/n6/mode/1up（ＵＣＬＡ所蔵）
・米沢市上杉博物館（取材協力）

惠　隆之介（めぐみ・りゅうのすけ）

1954年、沖縄コザ市生まれ。1978年、防衛大学校管理学専攻コースを卒業。海上自衛隊幹部候補生学校（江田島）、世界一周遠洋航海を経て護衛艦隊勤務。1982年、退官（二等海尉）。その後、琉球銀行勤務。1999年、退職。以降、ジャーナリズム活動に専念。著書に『中国が沖縄を奪う日』（幻冬社ルネッサンス新書）、『新・沖縄ノート　沖縄よ、甘えるな！』（ワック）など多数。『昭和天皇の艦長』（産経新聞出版）は昭和天皇天覧、「昭和天皇最晩年のご愛読書」と報道される（『文藝春秋』1997年10月号）。『海の武士道 DVD BOOK』（育鵬社）は山形県教育委員会中学道徳教科書教材に指定（2013年）、『海の武士道』（産経新聞出版）は海自幹部教育用図書に指定される。シンクタンク「沖縄・尖閣を守る実行委員会」代表。

尖閣《せんかく》だけではない　沖縄《おきなわ》が危《あぶ》ない！

2017年４月27日　初版発行

著　者　惠　隆之介

発行者　鈴木　隆一

発行所　ワック株式会社

東京都千代田区五番町４-５　五番町コスモビル　〒102-0076
電話　03-5226-7622
http://web-wac.co.jp/

印刷製本　図書印刷株式会社

ISBN978-4-89831-754-9